CÓMO POTENCIAR
EL PODER DE TU MENTE SUBCONSCIENTE

CÓMO POTENCIAR EL PODER DE TU MENTE SUBCONSCIENTE

El siguiente nivel

Dr. Joseph Murphy

Edición de Joe Kysack

Del autor superventas de
El poder de tu mente subconsciente

 ARKANO BOOKS

Título original: *How to Unleash the Power of Your Subconscious Mind*

Traducción: Rubén Cervantes Garrido

Diseño de cubierta: equipo Grupo Gaia

© Joseph Murphy Trust

Publicado por acuerdo con Dematteo Strategy LLC,
346 Route 6 # 867, 10541 Mahopac, NY, EE.UU.

De la presente edición en castellano:
© Distribuciones Alfaomega S.L., Arkano Books, 2025
  Alquimia, 6 - 28933 Móstoles (Madrid) - España
  Tel.: 91 617 08 67
  www.grupogaia.es - E-mail: grupogaia@grupogaia.es

Primera edición: febrero de 2026

Depósito legal: M. 22.727-2025
I.S.B.N.: 978-84-19510-72-3

Impreso en España por Artes Gráficas Cofás, S.A., Móstoles (Madrid)

Índice

TERCERA PARTE
MÁS TÉCNICAS PARA SEMBRAR PENSAMIENTOS EN LA MENTE SUBCONSCIENTE

CUARTA PARTE
LIBERA EL PODER INFINITO QUE HAY EN TI

Introducción

TIENES EL INCREÍBLE POTENCIAL de ser, hacer y recibir cualquier cosa que desees, imagines y creas de todo corazón. Por desgracia, solo un puñado de personas alcanzan su pleno potencial humano, pues la mayoría parece ser incapaz de reconocer y aprovechar el poder infinito de su mente subconsciente, es decir, de la divinidad que habita en ellas y a su alrededor.

El secreto del éxito no es en realidad un secreto, ya que se conoce desde hace miles de años. Las personas más exitosas de la historia no son aquellas que se limitan a aceptar la realidad que se les presenta, sino las que imaginan una mejor y creen en ella con tal intensidad que logran crear una realidad nueva, alterando así el estado de cosas en su entorno.

En este libro descubrirás cómo crear tu nueva realidad por medio del deseo, la imaginación y la convicción:

- **Primera parte: Introducción a las afirmaciones.** Aquí aprenderás a sembrar pensamientos en tu mente subconsciente para que esta pueda trasladarlos a la realidad y empezar a obrar milagros, a menudo con poco o nulo esfuerzo por tu cuenta.

- **Segunda parte: Afirmaciones semanales.** Estas 52 afirmaciones semanales te empoderarán para lograr que cada aspecto de tu vida mejore, incluida la salud, la economía, las relaciones, el matrimonio y la carrera profesional. Cada afirmación semanal va acompañada de comentarios que la sitúan en el contexto de la vida real, de modo que puedas visualizar con mayor claridad y empezar a apreciar la nueva realidad que estás a punto de experimentar.
- **Tercera parte: Más técnicas para sembrar pensamientos en la mente subconsciente.** Estas técnicas adicionales te permitirán sembrar pensamientos en tu mente subconsciente y solidificar tu visión. Cuanto mayores sean la claridad y la nitidez con las que te imagines siendo, haciendo o recibiendo aquello que anhelas, mayores serán las garantías de cumplir dicho deseo.
- **Cuarta parte: Libera el poder infinito que hay en ti.** La cuarta parte revela los principios en los que se asienta la práctica y recoge historias reales de personas que, por medio del poder de la afirmación, resolvieron problemas, se curaron a sí mismas y a los demás, salvaron vidas, mejoraron sus relaciones, lograron el éxito profesional y atrajeron riqueza. Esta parte también desvela el papel que desempeña la mente subconsciente en las experiencias extracorpóreas, la percepción extrasensorial, la telepatía mental, la clarividencia, la precognición, la visión remota y otros poderes psíquicos.

Este libro es tu guía personal para desarrollar una vida más feliz, próspera y satisfactoria. Gracias a los consejos que se ofrecen aquí, podrás dejar de andar por la vida como si fueras víctima de las circunstancias para convertirte en el dueño de tu propio destino. Aprenderás a aprovechar el poder de tu propia mente y los recursos infinitos que te rodean para ser, hacer y recibir aquello que, con convicción, desees e imagines.

PRIMERA PARTE

INTRODUCCIÓN
A LAS AFIRMACIONES

¿**P**OR QUÉ ALGUNAS PERSONAS están tristes y otras son felices? ¿Por qué algunas personas son alegres y prósperas y otras pobres y desdichadas? ¿Por qué hay personas que tienen hogares hermosos y lujosos y otras apenas logran subsistir?¿Por qué hay personas que destacan y gozan de una inmensa popularidad, mientras que otras son mediocres e impopulares? ¿Por qué hay personas que demuestran ser genios en su campo y otras que se esfuerzan toda la vida sin lograr nada digno de mención? ¿Por qué algunas personas se curan de una enfermedad supuestamente irreversible y otras no? ¿Por qué hay tantas personas religiosas, buenas y amables que sufren las torturas mentales y corporales de los condenados? ¿Por qué hay tantas personas inmorales e irreligiosas que triunfan, prosperan y disfrutan de una salud de hierro? ¿Por qué puede darse el caso, por ejemplo, de que una mujer esté felizmente casada, pero su hermana, en cambio, se sienta sumamente frustrada e infeliz?

La respuesta a todas estas preguntas se halla en el funcionamiento de la mente consciente y de la subconsciente. Por medio de tu mente consciente, puedes reprogramar tu mente subconsciente para pensar de manera positiva. El poder de tu mente subconsciente conseguirá entonces imponerse a la confusión, la tristeza, la melancolía y el fracaso para guiarte hacia el lugar que te corresponde realmente, para ayudarte no solo a resolver tus problemas, sino también a librarte de las ataduras emocionales y físicas y a situarte en el camino directo hacia la libertad, la felicidad, la salud, la riqueza y la paz mental. Al aprender a usar tus poderes internos, descubrirás cómo crear la realidad que imaginas.

La mente consciente y la subconsciente

Tu mente tiene dos niveles: el nivel consciente (racional) y el nivel subconsciente (creativo/intuitivo). Piensas y razonas con tu mente consciente, y todo lo que piensas de manera habitual se infiltra en tu mente subconsciente, que crea en función de la naturaleza de tus pensamientos. Tu mente subconsciente es la sede de tus emociones y representa la mente creativa. Si piensas en el bien, se producirá el bien; si piensas en el mal, se producirá el mal. Es así como funciona tu mente.

Lo más importante es que recuerdes que la mente subconsciente, en cuanto acepta una idea, empieza a ejecutarla. El hecho de que la ley de la mente subconsciente responda a ideas buenas y malas constituye una verdad interesante y sutil. Cuando se aplica de forma negativa, esta ley es la causa del fracaso, la frustración y la infelicidad. Sin embargo, cuando tu pensamiento habitual es armonioso y constructivo, disfrutas de una salud perfecta, de éxito y de prosperidad. Tu mente subconsciente aceptará cualquier cosa que afirmes mentalmente y sientas como verdadera, y la hará realidad en tu experiencia. Tu mente subconsciente da una orden o mandato y tu mente subconsciente formula y ejecuta fielmente un plan para que eso se cumpla.

La ley de tu mente es la siguiente: La reacción o respuesta de tu mente subconsciente dependerá de la naturaleza del pensamiento o de la idea que albergues en tu mente consciente.

Los psicólogos y psiquiatras señalan que, cuando se transmiten pensamientos a la mente subconsciente, se forman impresiones en las células cerebrales. En cuanto tu subconsciente acepta una idea, procede a efectuarla de manera inmediata. Tu mente opera por asociación de ideas y emplea cada pizca de conocimiento que hayas acumulado a lo largo de tu vida para cumplir su propósito. Bebe del poder, energía y sabiduría infinitos que hay en ti. Alinea todas las leyes de la naturaleza para salirse con la suya. A veces parece capaz de ofrecer una solución inmediata a tus problemas, pero en otras ocasiones puede que tarde días, semanas o más... Su comportamiento supera el entendimiento humano.

Gracias a la sabiduría de tu mente subconsciente, puedes atraer a la pareja ideal, así como al socio o compañero de negocios perfecto. Este conocimiento te otorga la capacidad de localizar al comprador adecuado para tu casa y te ofrece todo el dinero que necesites, proporcionándote la libertad económica para ser, hacer y actuar según los deseos que albergas en el fondo de tu alma.

He sido testigo de la capacidad del poder de la mente subconsciente para librar a la gente de los impedimentos físicos y devolverles su antigua plenitud, vitalidad y fuerza, dándoles así la facultad de salir al mundo y de experimentar la felicidad, la salud y la alegría. Tu subconsciente cuenta con un milagroso poder sanador que le permite curar una mente atormentada y un corazón roto. También puede abrir la puerta de la prisión de la mente y liberarte, así como desligarte de todo tipo de ataduras materiales y físicas.

CÓMO FUNCIONAN LAS AFIRMACIONES

Una *afirmación* es la confirmación de que algo existe o *es* verdad. Imagina que tu mente es un jardín: tú eres el jardinero, y las afirmaciones son las semillas (pensamientos) que siembras conscientemente en la tierra de tu mente subconsciente. Lo que siembres allí será lo que coseches en tu cuerpo y en tu entorno. Por este motivo, es esencial que no solo proyectes imágenes positivas sobre la pantalla de cine de tu mente, sino que, además, creas fielmente que dichas imágenes constituyen tu realidad aquí y ahora.

Empieza ya mismo a sembrar pensamientos de paz, felicidad, probidad, buena voluntad y prosperidad. Reflexiona en silencio y con interés acerca de estas cualidades y acéptalas plenamente en tu mente consciente y racional, desde donde acabarán trasladándose a tu mente subconsciente. Sigue sembrando estas maravillosas semillas (afirmaciones) en el jardín de tu mente y obtendrás una cosecha gloriosa.

Si tu mente piensa de manera correcta, si comprendes la verdad, si los pensamientos depositados en tu mente subconsciente son constructivos, armoniosos y pacíficos, el poder mágico de tu subconsciente responde y produce estados armoniosos, entornos agradables y las mejores cosas posibles. Cuando empieces a controlar tus procesos mentales, podrás aplicar los poderes de tu mente subconsciente a cualquier problema o incoveniente. En otras palabras, cooperarás de manera consciente con el poder infinito y la ley omnipotente que rige sobre todo, tanto en tu interior como a tu alrededor.

UNA PRÁCTICA INDEPENDIENTE DE LA FE RELIGIOSA

Aunque el poder de la mente subconsciente se basa en la creencia, es independiente de la fe religiosa. Este poder existía antes de que tú o yo naciéramos, antes del surgimiento de cualquier Iglesia o incluso del mundo. Las grandes verdades eternas y los principios vitales anteceden a todas las religiones. Con estas nociones presentes, te invito a acoger este poder maravilloso, mágico y transformador que vendará tus heridas mentales y físicas, proclamará la libertad de tu mente dominada por el miedo y te alejará de limitaciones como la pobreza, el fracaso, la tristeza, la necesidad y la frustración. Lo único que debes hacer es unirte mental y emocionalmente al bien que deseas encarnar, y los poderes creativos de tu subconsciente actuarán en consecuencia. Empieza ahora, hoy mismo, ¡y permite que las maravillas lleguen a tu vida!

La ley de la vida es la ley de la creencia, y la *creencia* podría definirse brevemente como un pensamiento en tu mente. Los pensamientos, sentimientos y creencias de una persona se reflejarán en su mente, en su cuerpo y en sus circunstancias. Una técnica o metodología basada en la comprensión de lo que haces y de los motivos que te llevan a ello te ayudará a producir una encarnación subconsciente de todas las cosas buenas de la vida. En esencia, la respuesta a una plegaria es la realización del deseo del corazón, sin importar las creencias religiosas de cada uno. Las oraciones de los budistas, cristianos, musulmanes y judíos no serán atendidas debido a un credo, religión, afiliación, ritual, ceremonia, fórmula, liturgia, conjuro, sacrificio u ofrenda concretos, sino sencillamente a su creencia o receptividad mental y a la aceptación de aquello por lo que rezan. Incluso el agnóstico que desea algo con fervor y realmente cree que lo recibirá verá cumplido su deseo.

Aunque las afirmaciones contenidas en este libro utilicen en ocasiones la palabra *Dios*, no dudes en sustituirla por aquella que mejor refleje tu creencia, como *Alá, Yahvé, Brahmán, Señor, Todopoderoso, Ser Supremo, Espíritu Santo, Tao, Gran Espíritu* o *la Fuerza*. Según Joseph Murphy: «Dios no es una persona, de modo que no decimos: "Padre nuestro, quien está en el cielo". Decimos: "Padre nuestro, *que* estás en el cielo", lo cual indica una Presencia y un Poder impersonal; una Vida Infinita y una Inteligencia Infinita». Para Murphy, la oración equivale a recitar una afirmación con sentimiento y fe. *(N. del E.)*

El PODER Y LA NECESIDAD DE LA CREENCIA

La ley de tu mente es la ley de la creencia. Eso implica creer en el funcionamiento de tu mente, creer en la creencia misma. Es sencillo: la creencia de tu mente es el pensamiento de tu mente; no es más que eso. Del mismo modo que la fuerza intangible del amor puede atraer a un compañero del alma, el poder intangible de la creencia es capaz de proporcionar salud, riqueza, sabiduría y una vida satisfactoria.

Todas tus experiencias, acontecimientos, condiciones y actos son reacciones de tu mente subconsciente a tus pensamientos. Recuerda que lo que produce el resultado no es aquello en lo que crees, sino la creencia en tu propia mente.

Deja de hacer caso a las falsas creencias, las opiniones erróneas, las supersticiones y los miedos de la humanidad. Empieza a creer en las verdades de la vida, que nunca cambian. Cualquiera que lea este libro y aplique los principios de la mente subconsciente aquí recogidos será capaz de invocar el bien para sí mismo y los demás. La palabra se vuelve tangible y los pensamientos toman forma siguiendo la ley universal de acción y reacción. El pensamiento es acción incipiente. La reacción es la respuesta de tu mente subconsciente en correspondencia con la naturaleza de tu pensamiento. Ocupa tu mente con los conceptos de armonía, salud, paz y buena voluntad, y empezarán a producirse maravillas en tu vida.

DESARROLLA LA CREENCIA A TRAVÉS DE LAS AFIRMACIONES

Puedes conseguir la creencia de múltiples maneras, incluidas las cuatro siguientes:

- **Experiencia:** Por medio de la experiencia o la percepción, sabes que una cosa o condición existe. Por ejemplo, sabes que el fuego es caliente.
- **Razón:** Por medio de la razón, llegas a la conclusión de que algo existe o funciona de determinada manera. Por ejemplo, la mayoría de la gente cree en la evolución por selección natural porque esta ofrece una explicación razonable a la diversidad de seres vivos de la Tierra.
- **Fe:** Por medio de un «salto de fe», la gracia o algún otro fenómeno sin explicación, sencillamente crees en aquello que está más allá de la percepción y la razón.

- **Afirmaciones o sugestiones:** Por medio de la sugestión o de la autosugestión, llegas a creer que algo es como es o que determinado resultado es inevitable. La hipnosis es un ejemplo del poder de la sugestión. Suspendida la actividad de la mente consciente, la mente subconsciente se vuelve mucho más receptiva a la sugestión. Sin embargo, incluso sin hipnosis, la repetición de afirmaciones y sugestiones puede proyectar una creencia sobre la mente subconsciente.

PON EN PRÁCTICA LAS AFIRMACIONES

La efectividad de una afirmación viene determinada en buena medida por tu comprensión de la verdad y el sentido que subyace a las palabras; una afirmación es sencillamente tu reconocimiento de una verdad universal. Por lo tanto, el poder de tu afirmación radica en la aplicación inteligente de aspectos positivos, definitivos y específicos. Por ejemplo, un niño suma tres y tres y escribe SIETE en la pizarra. Entonces la maestra afirma con certidumbre matemática que tres y tres son seis; en consecuencia, el niño cambia la cifra por la que corresponde. La aseveración de la maestra no hizo que tres y tres sumaran seis, porque esto ya constituía una verdad matemática. Fue la propia verdad matemática la que llevó al niño a modificar lo que había escrito en la pizarra.

Estar enfermo es anormal; lo normal es estar sano. La salud es la verdad de tu ser. Cuando afirmes salud, armonía y paz para ti mismo u otra persona, y te des cuenta de que estos son principios universales de tu propio ser, sustituirás los patrones negativos de tu mente subconsciente por un patrón positivo que esté alineado con la verdad universal de la salud.

El resultado del proceso afirmativo depende de que tus pensamientos se adecúen a los principios de la vida, al margen de las apariencias. Piensa por un momento que existe un principio de la matemática, pero ninguno del error; existe un principio de la verdad, pero ninguno de la deshonestidad. Existe un principio de la inteligencia, pero ninguno de la ignorancia; existe un principio de la armonía, pero ninguno de la discordia. Existe un principio de la salud, pero ninguno de la enfermedad, y existe un principio de la abundancia, pero ninguno de la pobreza.

Yo empleé el método afirmativo con mi hermana, que tenía que someterse a una operación en Inglaterra para que le retiraran unas piedras de la vesícula. Esta afección se basaba en un diagnóstico alcanzado mediante análisis médicos y radiografías. Mi hermana me pidió que rezara por ella. Nos separaban más de diez mil kilómetros, pero el principio de la mente no entiende ni de tiempo ni de espacio. La mente o la inteligencia infinita está presente por completo en todas partes de manera simultánea. Dejé a un lado cualquier pensamiento relativo a los síntomas y la personalidad corpórea, y afirmé lo siguiente:

Esta oración es para mi hermana Catherine, quien se encuentra relajada y en paz, estable, equilibrada, serena y en calma. La inteligencia sanadora de su mente subconsciente, que creó su cuerpo, está transformando ahora cada célula, nervio, tejido, músculo y hueso de su ser, siguiendo el patrón perfecto de todos los órganos que reside en su mente subconsciente. Con tranquilidad y en silencio, todos los patrones distorsionados de su mente subconsciente se retiran y desaparecen, y el vigor, la plenitud y la belleza del principio vital se manifiestan en cada átomo de su ser. Catherine está ahora abierta y receptiva a las corrientes sanadoras, que fluyen a través de ella como un río y le devuelven por completo la salud, la armonía y la paz. Todas las distorsiones e imágenes desagradables quedan apartadas por el océano infinito de amor y paz que fluye a través de ella. Y esto es así.

Afirmé estas palabras varias veces al día, y dos semanas después mi hermana fue a una revisión que reveló una sanación extraordinaria. La radiografía salió negativa.

Afirmar es certificar que las cosas son de una manera determinada. Si mantienes esta actitud mental, incluso cuando todo parezca indicar lo contrario, aquello que afirmes se hará realidad.

Sugestiones para mejorar los resultados

A continuación, encontrarás 52 afirmaciones semanales. Con el fin de optimizar tanto su poder como el de tu mente subconsciente, recomiendo que hagas lo siguiente:

- Coloca una copia de la afirmación en un lugar que te permita verla a lo largo del día; por ejemplo, en la parte inferior de la pantalla de tu ordenador, en una pared cercana a tu escritorio o en la puerta del frigorífico.
- Antes de leer o recitar la afirmación, relaja y silencia tu mente para que esté receptiva. Una habitación oscura y silenciosa favorece el estado meditativo que permite a la mente estar más receptiva a las afirmaciones. Resulta efectivo recitar la afirmación mientras te quedas dormido, ya que la mente consciente será menos capaz de rechazarla. (Si puedes memorizar la afirmación,

mantén los ojos suavemente cerrados mientras la recitas para eliminar cualquier distracción visual).

- Recita la afirmación en alto, si es posible, o dótale de sonido en tu cabeza. Escuchar las palabras reforzará la impresión sobre tu mente subconsciente.

- Mientras lees o recitas la afirmación, piensa atentamente en su significado. No te limites solo a pronunciar las palabras.

- Céntrate en lo positivo y no prestes atención a lo negativo. En caso de enfermedad, por ejemplo, piensa en términos relativos a la recuperación de la salud, no a la curación de la enfermedad, ya que cualquier pensamiento o mención de esta última la corrobora, así como los síntomas que la acompañan. De manera parecida, piensa en la riqueza, no en la liquidación de las deudas.

- Usa tu imaginación, no tu fuerza de voluntad. Imagina el fin y el estado de libertad. Comprobarás que tu intelecto trata de entrometerse, pero no cejes en mantener una creencia simple, infantil y obradora de milagros. Imagínate a ti mismo o a la persona en cuestión con salud, riqueza y éxito. Visualiza las emociones que acompañan al estado de libertad que ansías. Libra al proceso de los formulismos. La mejor senda es la más sencilla.

- Simplifica. No te preocupes por los detalles y los medios; limítate a ser consciente del resultado final. Siente la felicidad de la solución de tu problema, ya sea de salud, económico o laboral. Imagina cómo te sentirás cuando la dificultad se resuelva. Ten en cuenta que tu sentimiento es la piedra angular de todas las impresiones subconscientes. Tu nueva idea debe ser percibida subjetivamente en un estado terminado, no como algo futuro, sino como algo que se está produciendo *ahora*.

- Dedica una semana entera a cada afirmación y repítela varias veces al día. Limitarte a leer las 52 afirmaciones semanales tendrá poco efecto o ninguno. Del mismo modo que las semillas requieren tiempo para brotar y enraizarse, los pensamientos requieren tiempo para brotar y afincarse en la mente subconsciente, hasta que la mente consciente y la subconsciente se unan en su aceptación de la verdad de la afirmación.
- Descansa en una sensación de profunda convicción de que todo se ha cumplido.

Aviso: Nunca pienses o pronuncies frases como «No puedo permitirme esto» o «No puedo hacer esto». Tu mente subconsciente te tomará la palabra y se las arreglará para que no tengas el dinero o la capacidad para llevar a cabo lo que deseas.

No debilites tu afirmación diciendo cosas como «Desearía» o «Espero». Pronuncia la afirmación como si fuera una orden del jefe (tu mente consciente). La armonía es tuya. La salud es tuya. Transmite el pensamiento a tu mente subconsciente hasta que se convierta en una convicción, y después relájate. Por medio de la relajación, produces una impresión en tu mente subconsciente y permites que la energía cinética que subyace a la idea tome el mando y la convierta en algo concreto.

SEGUNDA PARTE

AFIRMACIONES SEMANALES

Semana 1

PURIFICA TU MENTE

EL AMOR DIVINO LLENA MI ALMA. La acción divina me pertenece. La armonía divina gobierna mi vida. La paz divina llena mi alma. La belleza divina me pertenece. La alegría divina llena mi alma. Recibo orientación divina en todos los sentidos. Me iluminan desde las Alturas. Sé y creo que recibiré una porción de vida, amor, verdad y belleza que transcenderá mis mejores sueños. Sé que el amor y la generosidad universales me acogen.

Comentario: La vida moderna es frenética y está llena de distracciones y preocupaciones insignificantes. Cuando empieces a sentir abrumación por las exigencias de la vida, dedica un tiempo a serenar tu mente y a recordar que fuiste creado para la alegría.

Semana 2

AFIRMA EL PODER
DE TU MENTE SUBCONSCIENTE

PUEDO HACER CUALQUIER COSA a través del poder de mi mente subconsciente. Mi subconsciente hallará la forma de llevar a efecto cualquier pensamiento que grabe conscientemente en él. La fuerza, la salud y la bondad fluyen a través de mí y de quienes me rodean, y deseo lo mejor para todas las personas con las que me encuentro en mi día a día. Doy las gracias por cada una de las bendiciones que he recibido.

Comentario: Para que las afirmaciones sean efectivas, debes confiar plenamente en el poder creer en ellas. Esta afirmación ayuda a desarrollar esa creencia, que a su vez será la base sobre la que se erijan todas las demás afirmaciones.

Semana 3

ASÍGNALE A TU MENTE CONSCIENTE EL PAPEL DE GUARDIÁN

M I MENTE CONSCIENTE es el guardián que vigila la puerta y protege mi mente de las impresiones falsas. Rechaza cualquier pensamiento que no cumpla con los principios universales de la salud, el amor, la sabiduría y la abundancia. Aparta cualquier sugestión que represente una amenaza para mi autoestima. Soy lo que pienso, y por medio de mi mente consciente ejerzo un control total sobre mis pensamientos. Elijo tener pensamientos de paz, alegría, salud, amor, abundancia y buena voluntad hacia todos.

Comentario: Quizá no puedas controlar lo que sucede en tu vida, pero sí puedes tener el control total de lo que piensas sobre ello. Ninguna persona ni acontecimiento puede *hacerte* sentir enfadado, desanimado, envidioso, amargado o incapaz. Tu mente consciente puede protegerte rechazando pensamientos como estos. Es el guardián.

Semana 4

ABRAZA Y ENCARNA LA VERDAD

EL AMOR, LA VERDAD Y LA SABIDURÍA DE DIOS inundan mi mente y mi corazón. Amo la Verdad, escucho la Verdad y conozco la Verdad. El río de paz de Dios inunda mi mente y doy gracias por mi libertad. Pienso correctamente y reflejo la Sabiduría Divina y la Inteligencia Divina de todas las maneras. Mi mente es la mente perfecta de Dios, inmutable y eterna. Escucho la voz de Dios, que es la voz de la Paz, la Verdad y el Amor. Mi mente está llena de la Sabiduría y la Comprensión de Dios. Cualquier cosa que me estuviera afligiendo ahora me está abandonando; soy libre y estoy en paz.

Comentario: Las mentiras, el engaño, la desinformación, las medias verdades y las falsas creencias son la base de una gran parte del sufrimiento humano, ya que dan pie a pensamientos distorsionados. Dios es la Verdad, y estar unido a Dios es estar unido a la Verdad. Hasta que no abraces y encarnes la Verdad, estarás enfrentado a ella y seguirás sufriendo todo tipo de infortunios.

Semana 5

IDENTIFICA TU PROPÓSITO EN LA VIDA

LA INTELIGENCIA INFINITA de mi mente subconsciente me revela mi verdadero lugar en la vida, y me dejo llevar por el camino que aparece claramente en mi mente consciente y racional. Me conoce de manera íntima. Sabe cuáles son mis intereses, conocimientos, habilidades, talentos y pasiones y me ofrece oportunidades que se adecúan perfectamente a mí y a aquello que me interesa. Acepto las oportunidades y soy consciente de que soy feliz y productivo en el trabajo. Estoy en armonía con mi supervisor y mis compañeros mientras tratamos de alcanzar objetivos comunes. Soy capaz de aportar valor y emplear mi mente creativamente para descubrir innovaciones valiosas para productos, servicios y procesos. Y me recompensan de forma adecuada.

Comentario: Casi todo el mundo quiere llevar una «vida con propósito», pero muchas personas no tienen ni idea de cuál es ese propósito o qué lugar deben ocupar en la vida. Usa esta afirmación para trasladarle el reto a tu mente subconsciente, la parte creativa de tu mente que actúa de puerta de entrada a la inteligencia infinita. Tu mente subconsciente es la agencia de colocación ideal y te ofrecerá un puesto que se adapte perfectamente a ti.

Semana 6

RECIBE EL PLAN PERFECTO

L A INTELIGENCIA INFINITA que incentivó este anhelo me dirige, me guía y me revela el plan perfecto para el desarrollo de mi deseo. Sé que la sabiduría más profunda de mi subconsciente está respondiendo ahora, y que lo que siento y afirmo en mi interior se expresa en el exterior. Hay estabilidad, equilibrio y ecuanimidad.

Comentario: Tu mente consciente es racional, mientras que la mente subconsciente es creativa e intuitiva. Graba en tu mente subconsciente aquello que desees en la vida, y ella diseñará un plan y atraerá los recursos necesarios para procurarte el objeto de tu deseo o lo que sea que quieras alcanzar.

La planificación consciente puede interferir en el funcionamiento de tu mente subconsciente. Trasmite tu deseo a tu mente subconsciente y deja que esta haga su trabajo. Cuando le permites a tu mente subconsciente crear, a menudo idea el plan perfecto, que te llegará como un destello de ingenio con poco esfuerzo por tu parte.

Semana 7

VIVE UNA VIDA ARMONIOSA

L A INTELIGENCIA INFINITA me dirige y me guía en todos los sentidos. La salud perfecta es mía, y la Ley de la Armonía opera en mi mente y en mi cuerpo. La belleza, el amor, la paz y la abundancia son mías. El principio de la buena acción y el orden divino gobiernan mi vida entera. Sé que mi premisa más importante se basa en las verdades eternas de la vida, y sé, siento y creo que mi mente subconsciente responde según la naturaleza del pensamiento de mi mente consciente.

Comentario: Aunque algunos científicos sugieren que el universo es caótico, en realidad está bien ordenado y gobernado por leyes. Las leyes naturales rigen el universo físico, y las leyes morales, el comportamiento humano. Alinearte con estas leyes eternas te asegurará salud, riqueza, felicidad y armonía. Esta afirmación tan genérica te situará en la senda de una vida bien ordenada.

Semana 8

DUERME EN PAZ
Y DESPIERTA CON ALEGRÍA

LOS DEDOS DE MIS PIES están relajados, mis tobillos están relajados, mis músculos abdominales están relajados, mi corazón y mis pulmones están relajados, mis manos y mis brazos están relajados, mi cuello está relajado, mi cerebro está relajado, mi cara está relajada, mis ojos están relajados, mi mente y mi cuerpo enteros están relajados. Perdono por completo y con libertad a todo el mundo, y sinceramente les deseo armonía, salud, paz y todas las bendiciones. Estoy en paz; estoy completo, sereno y en calma. Descanso con seguridad y tranquilidad. Me invade una gran quietud, y una gran calma acalla todo mi ser al descubrir la Presencia Divina que hay en mí. Me envuelvo en el manto del amor y me quedo dormido rebosante de buenos deseos para todo el mundo. Por la noche la paz permanecerá conmigo, y por la mañana estaré lleno de vida y amor.

Comentario: Si padeces insomnio, como les sucede a muchas personas, comprobarás que esta afirmación es muy efectiva. Repítela lenta, silenciosa y amorosamente antes de irte a dormir. No te hará falta ninguna otra ayuda para conciliar el sueño.

Semana 9

CONVIERTE LA FELICIDAD EN UN HÁBITO

EL ORDEN DIVINO TOMA el mando de mi vida hoy y cada día. Hoy todas las cosas trabajan por mi bien. Es un día nuevo y maravilloso para mí. Nunca habrá otro día como este. Recibo orientación divina a lo largo de todo el día, y cualquier cosa que haga prosperará. El amor divino me rodea, me abraza y me envuelve, y avanzo en paz. Siempre que mi atención se aleje de aquello que es bueno y constructivo, la redirigiré de inmediato de vuelta a la contemplación de aquello que es maravilloso y bueno. Soy un imán espiritual y mental que atrae hacia sí todas las cosas, que me bendicen y me hacen prosperar. Voy a tener un maravilloso éxito en todos los asuntos que afronte hoy. Sin duda voy a ser feliz durante todo el día.

Comentario: Hace unos años, me alojé durante aproximadamente una semana en la casa de un granjero en Connemara, en la costa oeste de Irlanda. El granjero parecía estar siempre cantando, silbando y de buen humor. Le pregunté por el secreto de su felicidad, y me respondió: «Ser feliz es un hábito para mí. Todas las mañanas cuando me levanto y todas las noches antes de irme a dormir bendigo a mi familia, los cultivos, el ganado y doy gracias a Dios por una maravillosa cosecha».

El granjero había convertido aquello en una práctica que llevaba realizando más de cuarenta años. Como sabes, los pensamientos que se repiten de manera regular y sistemática penetran en la mente subconsciente y se vuelven habituales. La felicidad es un hábito.

Semana 10

RECLAMA UN FUTURO MEJOR

Estoy lleno de la vida libre, purificadora, sanadora, armonizadora y vigorizante del Espíritu Santo. Mi cuerpo es el templo del Dios Viviente y es puro, pleno y perfecto en todos los sentidos. Cada función de mi mente y mi cuerpo está controlada y gobernada por la sabiduría Divina y el orden Divino.

Preveo un futuro glorioso. Vivo con la alegre expectativa de recibir lo mejor. Todos los maravillosos y divinos pensamientos que tengo ahora, hoy, penetran en mi mente subconsciente como semillas en una tierra fértil. Sé que, cuando llegue el momento, se manifestarán en forma de armonía, salud, paz, oportunidades, experiencias y acontecimientos.

Paso ahora del miedo y la necesidad a la libertad que hay en Dios y en la vida abundante. El Dios-hombre nace en mí. ¡Contemplad! ¡Renuevo todas las cosas!

Comentario: Cada día es un momento de renovación, resurgimiento y renacimiento. Toda la naturaleza proclama la gloria de un nuevo día. Esto nos recuerda que debemos sacar al Dios que hay en nosotros y despertar de nuestra larga hibernación de limitaciones para avanzar hacia la mañana de un nuevo día y una nueva vida. El miedo, la ignorancia y la superstición deben morir en nosotros, y debemos resucitar la fe, la confianza, el amor y la buena voluntad. No esperes a mañana y empieza ahora a recibir la transfusión de la gracia y amor de Dios a través de esta afirmación.

Semana 11

SÁNATE A TI MISMO

MI CUERPO Y TODOS SUS ÓRGANOS fueron creados por la inteligencia infinita que habita en mi mente subconsciente. Sabe cómo sanarme. Su sabiduría dio forma a todos mis órganos, tejidos, músculos y huesos. Esta presencia sanadora infinita que hay en mí transforma en este momento cada átomo de mi ser, dotándome ahora de plenitud y perfección. Doy las gracias por la sanación que sé que ya está teniendo lugar. Las obras de la inteligencia creativa que hay en mí son maravillosas.

Comentario: Tu subconsciente impulsó el latido de tu corazón, controla la circulación de tu sangre y regula tu digestión, asimilación y expulsión. Cuando comes un trozo de pan, tu mente subconsciente lo transmuta en tejido, músculo, hueso y sangre. Controla todos los procesos y funciones vitales de tu cuerpo. Si tu mente subconsciente puede construirte desde cero, sin duda puede sanarte y librarte de la enfermedad. A medida que cambias tu mente empapándola de afirmaciones incesantes, también cambias tu cuerpo. Esta es la base de toda sanación.

Semana 12

SANA A OTRAS PERSONAS A DISTANCIA

L A PRESENCIA SANADORA ESTÁ justo donde se encuentra _____. Su enfermedad corporal no es más que un reflejo de la vida de sus pensamientos, como sombras proyectadas sobre una pantalla. Sé que para cambiar las imágenes sobre la pantalla debo cambiar la bobina. Mi mente es la bobina, y ahora proyecto en mi propia mente una imagen de plenitud, armonía y salud perfecta para _____. La presencia sanadora infinita, que creó el cuerpo de _____ y todos sus órganos, satura ahora cada átomo de su ser, y un río de paz fluye a través de cada célula de su cuerpo. Los médicos son guiados y dirigidos de manera divina, y quienquiera que toque a _____ está destinado a hacer lo correcto. Sé que la enfermedad no posee ninguna realidad definitiva. Me alineo ahora con el principio infinito del amor y la vida, y sé y decreto que la armonía, la salud y la paz se expresan ahora en el cuerpo de _____.

Comentario: La inteligencia infinita fluye a través de todas las cosas y no está separada por el tiempo ni el espacio. Es la responsable de fenómenos como la telepatía mental, la percepción extrasensorial, la proyección astral y el poder sanador de la oración. Tu mente subconsciente es la puerta de entrada a la inteligencia infinita, y te permite aprovechar su poder para sanar a otros, ya estén cerca, en la otra punta de la ciudad o al otro lado del mundo.

Ten en cuenta que cualquier pensamiento negativo también viaja a través del éter y tiene la capacidad de herir a otros. Los pensamientos positivos, al igual que los actos positivos, son contribuciones valiosas para la comunidad. Los pensamientos destructivos, al igual que los actos destructivos, dañan a la comunidad.

Semana 13

ATRAE EL DINERO

ME GUSTA EL DINERO, lo amo, lo uso de manera sabia, constructiva y juiciosa. El dinero circula constantemente en mi vida. Lo libero con alegría y vuelve a mí multiplicado de una forma maravillosa. Es bueno y muy bueno. El dinero fluye hacia mí en avalanchas de abundancia. Lo uso solo para el bien, y estoy agradecido por mi bondad y por las riquezas de mi mente.

Comentario: El impulso del principio vital que hay en ti tiende hacia el crecimiento, la expansión y una vida más abundante. No estás aquí para vivir en un cuchitril, vestir harapos y pasar hambre. Deberías tener felicidad, prosperidad y éxito. Nunca critiques el dinero o a aquellos que lo tienen en abundancia. Purifica tu mente de toda creencia extraña o supersticiosa relativa al dinero. Nunca consideres el dinero como algo maligno o sucio. Si lo haces, le darás alas y se alejará volando de ti. Pierdes aquello que condenas. No puedes atraer aquello que criticas.

Semana 14

ASEGÚRATE UN SUMINISTRO CONSTANTE DE DINERO

ESTOY UNIDO A LAS RIQUEZAS INFINITAS de mi mente subconsciente. Tengo derecho a ser rico, feliz y exitoso. El dinero fluye hacia mí de manera libre, copiosa e infinita. Siempre seré consciente de mi verdadero valor. Ofrezco mis talentos con libertad, y he sido increíblemente bendecido a nivel económico. ¡Es maravilloso!

Comentario: Reconocer los poderes de tu mente subconsciente y el poder creativo de tu pensamiento o imagen mental marca el camino de la opulencia, la libertad y el suministro constante. Acepta la vida abundante en tu propia mente. Tu aceptación mental y tu expectativa de riqueza poseen sus propias normas y formas de expresión. A medida que accedes a la actitud de la opulencia, todo lo necesario para una vida de abundancia se hará realidad. Que esta sea tu afirmación diaria; escríbela en tu corazón.

Semana 15

PROSPERA EN TODOS TUS INTERESES

D ÍA Y NOCHE, prospero en todos mis intereses.

Comentario: A veces la mejor afirmación es la más simple, una que no sea demasiado agresiva. En algunos casos, las personas repiten afirmaciones que entran en conflicto con sus creencias subyacentes, en cuyo caso la mente consciente rechaza la afirmación por falsa y no se la transmite a la mente subconsciente. Por ejemplo, tu mente consciente puede que rechace una afirmación que decrete que has recibido un millón de dólares, pero puede aceptar como verdadera la afirmación de que prosperas en todos tus intereses.

Una vez le sugerí a un hombre de negocios, cuyas ventas y finanzas habían decaído, por lo que se mostraba enormemente preocupado, que se sentara en su oficina, se serenase y repitiera esta afirmación una y otra vez: «Mis ventas mejoran cada día». Esta aseveración incitó la cooperación de la mente consciente e inconsciente, y los resultados deseados fueron alcanzados.

Semana 16

TOMA DECISIONES ECONÓMICAS INTELIGENTES E INVIERTE DE MANERA SABIA

L A INTELIGENCIA INFINITA gobierna y protege todas mis transacciones económicas, y hará prosperar todo lo que haga.

Comentario: Si buscas sabiduría en lo que a inversiones se refiere o te preocupan tus acciones o deudas, repite esta afirmación para ordenarle a tu subconsciente que tome decisiones financieras sabias. Hazlo con frecuencia y comprobarás que tus inversiones son sabias; además, estarás protegido de las pérdidas, ya que te verás incitado a vender tus activos o acciones antes de que pierdan valor.

Semana 17

RECUPÉRATE
DE UN CONTRATIEMPO ECONÓMICO

HE PERDIDO DINERO. Volveré a ser productivo y ganaré más dinero. He aprendido una buena lección, que en última instancia me dará beneficios. No he perdido mi fe, mi confianza ni mi capacidad de levantarme y crecer. Tengo mucho que ofrecer y voy a volver a tener un gran éxito. Dios es la Fuente de mi suministro, y la riqueza de Dios circula en mi vida. Siempre hay un excedente Divino. Dios abre el camino para que tenga éxito según el orden Divino.

Comentario: Lo que importa no es tanto lo que te ocurra sino tu forma de verlo y de reaccionar ante ello, que puede ser constructiva o destructiva. Utiliza tu imaginación con sabiduría para formar un nuevo patrón en tu mente, contemplar posibilidades futuras, usar las alas de la fe y la imaginación para reconstruir una vida mejor. El éxito y la riqueza son productos de tus pensamientos y creencias.

Semana 18

ENCUENTRA TU CASA IDEAL

L A INTELIGENCIA INFINITA de mi mente subconsciente es plenamente sabia. Me revela ahora la casa ideal, que está en una ubicación céntrica y en un entorno encantador. Cumple todos mis requisitos y se adapta a mis ingresos. Entrego ahora esta petición a mi mente subconsciente sabiendo que responderá según la naturaleza de mi petición. Libero esta petición con fe y confianza absolutas de la misma forma que un agricultor deposita una semilla en la tierra, confiando implícitamente en las leyes del crecimiento.

Comentario: Al comprar y vender, recuerda que tu mente consciente es el botón de arranque y tu mente subconsciente es el motor. Debes arrancar el motor para que pueda hacer su trabajo. El primer paso para trasladar tu deseo, idea o imagen clarificados a la mente profunda es relajarse, fijar la atención, estarse quieto y permanecer en silencio. Esta actitud mental silenciosa, relajada y serena evitará que los factores externos y las falsas ideas interfieran con la absorción mental de tu idea. Además, con esta actitud mental tranquila, pasiva y receptiva, el esfuerzo se reducirá al mínimo.

La respuesta a tu petición puede llegar a través de un anuncio en el periódico o por medio de un amigo, o quizá seas guiado directamente hasta una casa concreta que responda exactamente a lo que buscas. Tu oración puede ser atendida de muchas maneras. El conocimiento principal, en el que puedes depositar tu confianza, es que la respuesta siempre llega si confías en el funcionamiento de tu mente profunda.

Semana 19

VENDE TU CASA U OTRAS PROPIEDADES

L A INTELIGENCIA INFINITA atrae hacia mí a los compradores de esta casa, que la quieren y prosperarán en ella. Estos compradores me los está enviando la inteligencia creativa de mi mente subconsciente, que no comete errores. Puede que vean muchas otras casas, pero la mía es la única que quieren y la que acabarán comprando porque están guiados por la inteligencia infinita que hay en su interior. Sé que los compradores son los adecuados, que el momento es el adecuado y que el precio es el adecuado. Todo es adecuado. Las corrientes profundas de mi mente subconsciente están trabajando ahora para unirnos siguiendo el orden divino. Sé que esto es así.

Comentario: Recuerda siempre que aquello que buscas también te está buscando a ti; siempre que quieras vender una casa o cualquier otro tipo de propiedad, habrá alguien buscando lo que tú ofreces. Al utilizar el poder de tu mente subconsciente correctamente, te liberarás de toda sensación de competitividad y ansiedad a la hora de comprar o vender.

Semana 20

SOLUCIONA UN PROBLEMA

MI SUBCONSCIENTE CONOCE LA RESPUESTA. Me responde ya. Doy gracias porque sé que la inteligencia infinita de mi subconsciente lo sabe todo y me revela la respuesta perfecta en este momento. Mi verdadera convicción ahora es liberar la majestad y la gloria de mi mente subconsciente. Me regocijo en ello.

Comentario: Las personas a menudo se esfuerzan demasiado al intentar solucionar sus problemas, y con frecuencia empeoran las cosas. En lugar de utilizar tu mente consciente para hallar la solución a un problema, trasládale el problema a tu mente subconsciente, que está mucho mejor equipada para resolver asuntos complicados. En muchas ocasiones, mientras la mente consciente queda suspendida durante el sueño, la mente subconsciente resuelve el problema, por lo que te despiertas sabiendo cómo solucionarlo.

Semana 21

ENCUENTRA OBJETOS PERDIDOS
O EXTRAVIADOS

SABES TODAS LAS COSAS; sabes dónde está _____, y ahora me lo muestras.

Comentario: Repite esta afirmación varias veces al día, especialmente antes de quedarte dormido. Tu mente subconsciente sabe «dónde lo viste por última vez», y en el caso de que sea una cosa que perdió o extravió otra persona, la inteligencia infinita sabrá dónde está y podrá transmitirte esa información gracias al poder de tu mente subconsciente. La mente subconsciente siempre te responderá si confías en ella.

Semana 22

TOMA UNA DECISIÓN
IMPORTANTE O DIFÍCIL

L A INTELIGENCIA CREATIVA de mi mente subconsciente sabe lo que me conviene. Su tendencia siempre va en beneficio de la vida, y me revela la decisión correcta, que bendice a todos los implicados. Doy gracias por la respuesta que sé que vendrá a mí.

Comentario: Siempre tengas que tomar una decisión que pueda alterar tu vida, como cambiar de trabajo, mudarte, casarte, divorciarte, tener hijos o cualquier otra cosa, apela a tu subconsciente. Aunque tu mente consciente y racional quizá sea capaz de razonar qué es mejor hacer, es probable que tu intuición pueda conducirte a tomar una decisión que se adecúe al orden divino. Confía en tu intuición.

Una joven de Los Ángeles dudaba de si aceptar un nuevo trabajo en Nueva York que le duplicaría el sueldo. Empezó a repetir esta afirmación una y otra vez antes de irse a dormir, y cada mañana tenía la sensación de que no debía aceptar la oferta. Tras rechazarla, los acontecimientos que siguieron a su decisión confirmaron su intuición, ya que la empresa en cuestión entró en bancarrota unos meses después de haberle ofrecido el puesto.

La mente consciente puede acertar en lo referente a hechos objetivos, pero la facultad intuitiva de la mente subconsciente de aquella mujer supo prever el futuro fracaso de la empresa, incitándola a actuar en consecuencia.

Semana 23

AMA INCONDICIONALMENTE

L E ENTREGO MI AMOR LIBREMENTE A _____ por la alegría y emoción de saber que dicha persona será feliz e independiente. Este regalo de amor no tiene condiciones. Es libre como el viento. No esperaré nada a cambio, ya que la capacidad de sentir y expresar amor es un regalo increíble en sí mismo. Me regocijo en la felicidad que mi amor me ofrece a mí y a los demás.

Comentario: Con demasiada frecuencia, amamos y servimos a los demás esperando algo a cambio, ya sea gratitud, reconocimiento, amor o futuros favores. Cuando nuestras expectativas no se cumplen, el amor se convierte en amargura y resentimiento que aprisiona tanto al emisor como al receptor. El amor verdadero, en cambio, es liberador. Cuando des, hazlo con el corazón y por la alegría y la emoción de ofrecer felicidad y libertad a los demás. A cambio recibirás abundantes bendiciones, pero no des con la expectativa de recibir dichas bendiciones.

Semana 24

PERDONA A LOS DEMÁS

PERDONO PLENA Y LIBREMENTE A _____, liberando a dicha persona mental y espiritualmente. Disculpo por completo todo lo relacionado con el asunto en cuestión. Ambos somos libres, y esa sensación es maravillosa. Hoy es mi día de amnistía general. Libero a cualquiera que me haya herido alguna vez, y les deseo a cada uno de ellos salud, felicidad, paz y todas las bendiciones de la vida. Esto lo hago con libertad, alegría y amor y, cuando piense en la persona o personas que me hicieron daño, diré: «Te he liberado, todas las bendiciones de la vida son tuyas. Yo soy libre y tú eres libre». ¡Es una sensación maravillosa!

Comentario: El gran secreto del auténtico perdón es que, una vez que has perdonado a la persona, es innecesario repetir la afirmación. Cuando la persona o el daño concreto te vengan a la mente, deséale el bien al responsable y di: «Que la paz sea contigo». Repite esto siempre que el pensamiento aparezca en tu mente. Comprobarás que, al cabo de unos pocos días, ese pensamiento sobre la persona o la experiencia regresará cada vez con menos frecuencia hasta que se disuelva completamente.

Semana 25

DESÉALES EL BIEN A LOS DEMÁS

DESEO PARA TODAS LAS PERSONAS que caminan sobre la faz de Tierra lo mismo que deseo para mí: paz, amor, alegría, abundancia y bendiciones divinas. Me regocijo y me alegro por los progresos, el crecimiento y la prosperidad de todas las personas.

Comentario: La gran norma a seguir es que pienses de los demás lo que te gustaría que ellos pensaran de ti, que sientas por los demás lo que te gustaría que sientieran por ti. No intentes nunca privarle la alegría a otra persona; si lo haces, te la privarás a ti también. Cualquier cosa que afirmes como verdadera respecto a ti mismo, afírmalo para todos los demás. Si rezas por la felicidad y la paz mental, que la petición sea la paz y la felicidad para todos. Cuando la nave llegue a recoger a tu congénere, llegará para recogerte a ti también.

Semana 26

ATRAE A TU ALMA GEMELA

ESTOY ATRAYENDO AHORA a una persona honesta, sincera, leal, fiel, pacífica, feliz y próspera. Estas cualidades que tanto admiro están adentrándose ahora en mi mente subconsciente. A medida que pienso en estas características, se vuelven parte de mí y se encarnan subconscientemente. Esa persona ama mis ideales, y yo amo los suyos. Ella no quiere cambiarme a mí; yo tampoco quiero cambiarla a ella. Existe un amor, libertad y respeto mutuos. Nos atraemos de manera irresistible. Solo aquello dotado de amor, verdad y belleza puede llegar a ser parte de mi experiencia. Acepto ahora a la persona que sea mi compañera ideal.

Comentario: Puedes editar esta afirmación para adaptarla a las cualidades que deseas en la persona que sería tu compañera ideal. Repite tu afirmación con espíritu expectante. Conforme pienses con serenidad e interés en las cualidades y atributos que admiras en dicha persona que buscas, erigirás su equivalente mental en tu mentalidad. Entonces las corrientes más profundas de tu subconsciente os atraerán mutuamente según el orden divino.

Semana 27

APOYA ESPIRITUALMENTE A TU CÓNYUGE

SÉ QUE MI CÓNYUGE ES una persona receptiva a mis pensamientos e imágenes mentales constructivos. Afirmo, siento y sé que en el centro de su ser se halla la paz. Mi cónyuge recibe orientación divina en todos los sentidos. Es un canalizador de lo Divino. El amor de Dios llena su mente y su corazón. Entre nosotros hay armonía, paz, amor y comprensión. Visualizo que es una persona feliz, sana, alegre, amorosa y próspera, a la que abrazo y envuelvo con el círculo sagrado del amor divino, que se muestra inexpugnable, impertérrito e invulnerable a toda negación.

Comentario: Una mujer que vivía en Londres me contó que su marido había perdido todo su dinero invirtiendo en bolsa y que estaba malhumorado, pesimista y profundamente deprimido. Quería divorciarse de ella, alegando que lo estaba llevando a la tumba con sus reproches.

Yo le expliqué que los reproches eran la manera más rápida de disolver un matrimonio y le sugerí que, en aquellos momentos, lo que su marido necesitaba eran ánimos y apoyo. Ella me comentó las buenas cualidades y actitudes que él mostraba cuando se casaron. Yo le dije que esas mismas cualidades y características que la atrajeron en un primer momento seguían existiendo, pero debían ser resucitadas. Esto puede lograrse gracias al poder de las afirmaciones.

Le propuse esta afirmación para que la repitiera con frecuencia, señalándole que su marido recibiría subconscientemente su apoyo espiritual y que ambos serían bendecidos. Hablaron de todo mientras yo me encontraba en Londres y luego decidieron rezar juntos y no separarse. Hace poco, el marido encontró un trabajo muy lucrativo. Las oraciones cambian las cosas: cambian a la persona que reza.

Semana 28

MANTÉN UN MATRIMONIO FUERTE

EL ESPÍRITU QUE HAY EN MÍ le habla al espíritu de _____. Hay armonía, paz, amor y comprensión entre nosotros en todo momento. Dios piensa, habla y actúa a través de mí, y Dios piensa, habla y actúa a través de mi cónyuge.

Comentario: Una sola afirmación no basta para fortalecer la unión matrimonial. Ambos debéis mantener una actitud mental positiva respecto al otro y declarar y demostrar vuestro amor y respeto a lo largo del día. Además de repetir esta afirmación a diario, he aquí cinco pasos para mantener un matrimonio fuerte:

1. Nunca te lleves al día siguiente las irritaciones que producen las pequeñas decepciones. Perdonaos el uno al otro por cualquier enfado antes de acostaros.
2. En cuanto te levantes por la mañana, reclama que la inteligencia infinita te guía en todos los sentidos. Envía pensamientos cariñosos de paz, armonía y amor a tu cónyuge, a todos los miembros de la familia y al mundo entero.
3. Durante el desayuno, da las gracias por la maravillosa comida, por tu abundancia y por todas tus bendiciones. Asegúrate de excluir cualquier pro-

blema, preocupación o pelea de la conversación; haz lo mismo durante la cena.

4. Dile a tu cónyuje: «Aprecio todo lo que haces, e irradio amor y buena voluntad hacia ti a lo largo de todo el día».

5. No menosprecies a tu cónyuge. Demuestra tu aprecio y tu amor. Céntrate en el aprecio y la buena voluntad en lugar de en los castigos, las críticas y los reproches. La manera de construir un hogar pacífico y un matrimonio feliz consiste en usar unos cimientos de amor, belleza, armonía, respeto mutuo, una fe común y todas las cosas buenas.

Semana 29

DESPRÉNDETE DE UNA RELACIÓN PROBLEMÁTICA

ME DESPRENDO DE _____. Esta persona ocupa su lugar adecuado en todo momento, al igual que yo. Cada uno es libre de divergir y seguir caminos distintos. Decreto en este momento que mis palabras pasan ahora a la mente infinita y se hacen realidad. Así es.

> **Comentario:** Puede resultar difícil poner fin a una relación, especialmente si la otra persona no está dispuesta a desligarse. En tales situaciones, es posible que la amargura y la ansiedad estén presentes. Decretar el fin de la relación y visualizar a ambos tomando direcciones distintas envía un claro mensaje a través del éter de que la relación ha terminado.

Semana 30

ALCANZA UNA RESOLUCIÓN

SE HA ALCANZADO una solución perfecta y armoniosa. Todo ha concluido según el Orden Divino.

Comentario: Cuando te encuentres en una situación difícil que parezca no tener fin, considera repetir esta afirmación una y otra vez a modo de mantra. Confía en que «Esto también pasará» y entrégale la situación a la Inteligencia Infinita para que la resuelva. Por medio de este decreto, te desprenderás de un problema sobre el que no tienes control, y te sentirás liberado al permitir que sea tu subconsciente el que resuelva el asunto con poco o ningún esfuerzo o angustia por tu parte.

Semana 31

MEJORA TU MEMORIA

A PARTIR DE HOY, mi memoria mejorará en todos los ámbitos. Siempre recordaré lo que necesito saber en todo momento y en todos los ámbitos. Las impresiones que reciba serán más claras y nítidas, y las retendré automáticamente y con facilidad. Todo aquello que desee rememorar se presentará de inmediato de forma correcta en mi mente. Mejoro rápidamente todos los días, y muy pronto mi memoria será mejor de lo que ha sido nunca.

Comentario: Nunca pienses ni digas nada parecido a «Estoy perdiendo la memoria» o «Quizá esté desarrollando demencia». Si tales pensamientos logran superar al guardián de tu mente consciente y arraigan en tu subconsciente, tu mente subconsciente empezará a hacer realidad esas ideas. Expulsa los pensamientos negativos a base de pensamientos positivos.

Semana 32

ROMPE CON UN MAL HÁBITO

MI MENTE ESTÁ llena de paz, compostura, estabilidad y equilibrio. El infinito yace estirado en mí con una actitud de reposo sonriente. No le tengo miedo a nada del pasado, el presente o el futuro. La inteligencia infinita de mi mente subconsciente me lleva, guía y dirige en todos los sentidos. Ahora me enfrento a cada situación con fe, compostura, calma y confianza. Me he librado completamente del hábito. Mi mente está llena de paz interior, libertad y alegría. Me perdono, y soy perdonado. La paz, la salud y la confianza reinan en mi mente.

Comentario: Eres un animal de costumbres. El hábito es la función de tu mente subconsciente. Aprendiste a nadar, montar en bicicleta, bailar y conducir haciendo esas cosas una y otra vez hasta que dejaron huellas en tu mente subconsciente. En cada uno de esos momentos, la acción del hábito automático de tu mente subconsciente tomó el mando. A esto a veces se lo denomina *segunda naturaleza*, que es una reacción de tu mente subconsciente a tus pensamientos y actos. Eres libre de elegir entre un hábito bueno o uno malo. Si repites un pensamiento o acto negativo a lo largo de un periodo de tiempo, terminarás estando bajo la compulsión de un hábito. La ley de tu subconsciente es la compulsión.

Semana 33

SUPERA EL MAL HUMOR

A PARTIR DE AHORA, estaré de mejor humor. La alegría, la felicidad y la jovialidad se están convirtiendo ahora en mis estados mentales por defecto. Cada día me estoy volviendo más cariñoso y comprensivo. Me estoy convirtiendo en el centro de la alegría y la buena voluntad para todos aquellos que me rodean, y les infundo buen humor. Este estado de ánimo feliz, alegre y jovial se está convirtiendo ahora en mi estado mental normal y natural. Estoy agradecido.

Comentario: Si albergas ira o malos deseos hacia otra persona, ya sea una pareja, un vecino, un compañero de trabajo o un jefe, puedes mejorar la relación cambiando tu actitud respecto a esa persona. La gente tiende a tratarte mejor cuando muestras una actitud más positiva hacia la vida en general y hacia esa gente en concreto. Incluso aunque no cambien a mejor como resultado, tu actitud positiva te hará estar menos triste. Los individuos en cuestión dejarán de ejercer influencia sobre tus pensamientos y sentimientos. Estarás y te sentirás liberado.

Semana 34

SUPERA LA ENVIDIA

Sé que no puedo recibir lo que no puedo dar, y ofrezco pensamientos de amor, paz, luz y buena voluntad a _____ y a todos los demás. Me oriento con Divinidad. Dejo de prestar atención a lo que _____ tiene, y me centro en lo que realmente deseo (describe aquello que deseas, como buena salud, prestigio, un sueldo, un cónyuge o determinadas posesiones). Hay bendiciones suficientes como para cumplir todos los deseos sin tener que anhelar lo que tienen otros. Según la ley de la atracción, todo lo que realmente deseo se ve atraído por mí.

Comentario: Nunca, bajo ninguna circunstancia, desees el trabajo, el cónyuge, la casa o cualquier otra cosa que tenga otra persona. Codiciar o envidiar a otro supone atraer la pérdida, la necesidad y la limitación hacia ti. Te empobreces en todos los sentidos. Lo que te dices a ti mismo es: «Esa persona puede tener esas cosas, pero yo no». Te niegas tu propia Divinidad. Robarle a otra persona mentalmente supone en realidad robarte a ti mismo.

La pérdida puede llegar a ti de muchas maneras: pérdida de salud, prestigio, ascenso, amor o dinero. No es necesario saber la forma en que llega la pérdida. Tú no deseas el puesto de otra persona; lo que realmente quieres es un puesto parecido que te brinde los mismos privilegios, emolumentos, salario y beneficios adicionales.

La Inteligencia Infinita puede abrirte una nueva puerta de expresión. Si llamas a esa puerta, obtendrás una respuesta.

Semana 35

SUPERA LA PROCRASTINACIÓN

L A ACCIÓN ES UNA CONSECUENCIA del pensamiento. Sé lo que hay que hacer y lo hago a tiempo. Soy una persona organizada, eficiente y productiva. Priorizo mis tareas diarias y las llevo a cabo según su orden de importancia. Afronto con ganas las tareas más difíciles. Tengo el conocimiento, las habilidades y los recursos para finalizar cada uno de mis proyectos y la perseverancia para superar todos los obstáculos. Estoy orgulloso de mis logros y me muestro agradecido por las muchas bendiciones que recibo como resultado.

Comentario: Empezar un proyecto o tarea es a menudo el paso más difícil. Reserva diez o quince minutos al final de tu jornada laboral para elaborar la lista de tareas de la próxima jornada. Cuando te vayas a dormir, piensa con gratitud en el hecho de tener un plan y un propósito para el día siguiente. Te despertarás con una sensación de propósito y un rumbo a seguir. Conforme completes tus tareas, táchalas de la lista para recompensarte a ti mismo por tus logros. Nunca te vayas a la cama sin un plan para el día siguiente.

Semana 36

MEJORA TU RENDIMIENTO DEPORTIVO

ESTOY RELAJADO, COMPUESTO Y SERENO. Todo mi entrenamiento y mi preparación me ha preparado para este momento. Estoy tranquilo antes de cada competición, y el Poder Omnipotente que hay en mí toma el mando. Invito a este poder superior a fluir a través de mí para guiarme. Estoy agradecido por la oportunidad de competir y de disfrutar haciéndolo. Mi rendimiento resulta elegante, glorioso y natural.

Comentario: Cuando los deportistas de talento rinden de manera extraordinaria, se suele decir que están concentrados. Como si fueran humanos, realizan hazañas que parecen fuera del alcance de las capacidades humanas, y aparentemente sin un esfuerzo consciente. Cuando estás concentrado, pierdes la noción de ti mismo. Pierdes tu ego. Estás plenamente inmerso en la actividad y en sintonía con el universo. De este modo, tu rendimiento resulta fácil, como si una fuerza superior hubiera tomado el mando, y ese es el caso. Repite esta afirmación antes de competir para entregar voluntariamente tu rendimiento a este Poder Omnipotente.

Semana 37

HABLA EN PÚBLICO CON CONFIANZA

RRADIO AMOR, PAZ Y BUENA VOLUNTAD hacia todo el público. El amor universal los rodea, abraza y envuelve. Estoy feliz de estar aquí y agradecido por la oportunidad de hablar de un asunto que me apasiona. La inteligencia infinita piensa, habla y actúa a través de mí. Mis palabras sanan, bendicen e inspiran. La paz llena los corazones de todos los que están entre el público, y mis palabras los elevan e inspiran.

Comentario: El miedo a hablar en público evita con frecuencia que las personas alcancen su pleno potencial. Para superar este temor y hablar con confianza, dedica tiempo a preparar tu charla o presentación. Repetir esta afirmación no es un sustituto de la propia preparación. En lugar de eso, emplea la afirmación para calmarte mientras centras tu atención en el público. Al verter amor y buena voluntad sobre los miembros del público antes de pronunciar tu charla o presentación, empezarás a verlos más como participantes del evento que como amenazas.

Semana 38

MEJORA TU RENDIMIENTO ACADÉMICO

ME DOY CUENTA de que mi mente subconsciente es un almacén de memoria. Retiene todo lo que leo y escucho decir a mis profesores. Tengo una memoria perfecta, y la inteligencia infinita de mi mente subconsciente me revela constantemente todo lo que necesito saber en todos mis exámenes, ya sean escritos u orales. Irradio amor y buena voluntad hacia todos mis profesores y compañeros de estudio. Les deseo sinceramente éxito y todas las cosas buenas.

Comentario: El bajo rendimiento académico a menudo se debe a la indiferencia o el resentimiento hacia los profesores o los compañeros de estudio. Repite esta afirmación varias veces al día, especialmente por la noche antes de irte a dormir y nada más despertar por la mañana. Estos son los mejores momentos para impregnar la mente subconsciente. Imagina a tus profesores y a tus padres felicitándote por tu éxito académico. Pronto verás cómo mejoran tus notas y tu rendimiento en clase.

Semana 39

MEJORA TU ÉXITO
PROFESIONAL / EMPRESARIAL

TODAS LAS PERSONAS QUE TRABAJAN en nuestra empresa son honestas, sinceras, cooperadoras, fieles y llenas de buena voluntad hacia los demás. Son eslabones mentales y espirituales en la cadena de crecimiento, bienestar y prosperidad de esta empresa. Irradio amor, paz y buena voluntad a través de mis pensamientos, palabras y actos relacionados con mis socios y todos los integrantes de la empresa. Nuestros ejecutivos y directores siguen una orientación divina en todo lo que se proponen. La inteligencia infinita de mi mente subconsciente toma todas sus decisiones a través de mí. Solo existen las acciones correctas en todas nuestras transacciones empresariales y en las relaciones que mantenemos entre nosotros. Envío a los mensajeros de la paz, el amor y la buena voluntad a la oficina a modo de avanzadilla. La paz y la armonía reinan en las mentes y corazones de todos los que componen la empresa, incluyéndome a mí. Encaro ahora el nuevo día lleno de fe, seguridad y confianza.

Comentario: La presencia de resentimiento en el lugar de trabajo puede afectar negativamente a tu rendimiento y a la forma en que te tratan tus compañeros y superiores. Reprogramar tu mente para que piense positivamente sobre la empresa y el papel que desempeñas en su buena marcha desembocará en un mayor éxito tanto para ti como para la empresa en general.

Semana 40

MEJORA LAS RELACIONES
CON TUS COMPAÑEROS DE TRABAJO

PIENSO, HABLO Y ACTÚO con amor, calma y serenidad. Irradio cariño, paz, tolerancia y amabilidad hacia todos aquellos que me critican y cuchichean sobre mí. Anclo mis pensamientos en la paz, la armonía y la buena voluntad hacia todo el mundo. Siempre que esté a punto de reaccionar negativamente, diré con convicción: «Voy a pensar, hablar y actuar desde el punto de vista del principio de la armonía, la salud y la paz que hay en mí». La inteligencia creativa me dirige, me gobierna y me guía en todos los sentidos.

Comentario: Si algunos compañeros de trabajo te molestan, la vibración, irritación y agitación que esto provoca puede deberse a un patrón subconsciente o una proyección mental por tu parte. Es bien sabido que un perro reaccionará con ferocidad si tú mismo odias o temes a los perros. Los animales intuyen las vibraciones de tu subconsciente y actúan en consecuencia. Muchos seres humanos indisciplinados son igual de sensibles que los perros, los gatos y otros animales. A veces, la mejor manera de cambiar cómo te tratan otras personas consiste en cambiar tu propia forma de tratarlas y pensar en ellas.

Semana 41

MEJORA TU RELACIÓN CON TU JEFE

SOY EL ÚNICO PENSADOR DE MI UNIVERSO. Yo soy el responsable de lo que pienso sobre mi jefe, y mi jefe es el responsable de lo que pienso sobre él. Me niego a darle a ninguna persona, lugar o cosa el poder de molestarme o sacarme de quicio. Le deseo salud, éxito, paz mental y felicidad a mi jefe. Le deseo sinceramente lo mejor, y sé que recibe orientación divina en todos los sentidos.

Comentario: Si tienes una relación difícil con tu jefe, es probable que albergues cierta amargura u hostilidad hacia dicha persona y que tu mente esté llena de críticas, discusiones mentales, reproches y acusaciones hacia ella. Como resultado, es probable que estés recibiendo de vuelta la negatividad que transmites mentalmente.

Para mejorar dicha relación, repite esta afirmación en voz alta de manera lenta, tranquila y con sentimiento, consciente de que tu mente es como un jardín y que aquello que siembres en él dará el fruto de tus pensamientos. Practica también las imágenes mentales antes de irte a dormir de la siguiente manera: visualiza que tu jefe te felicita por tu buen trabajo, tu diligencia y tu entusiasmo, así como por los maravillosos comentarios que los clientes hacen sobre ti. Siente la realidad de todo ello, nota el apretón de manos de tu jefe, escucha el tono de su voz y observa cómo sonríe. Crea una auténtica película mental e interprétala lo mejor que puedas. Repite esta película en tu cabeza noche tras noche sabiendo que tu mente subconsciente es la placa receptiva sobre la que tus imágenes mentales conscientes quedan grabadas.

Semana 42

VISUALIZA CÓMO SE COMPLETAN TUS PROYECTOS

ME DOY CUENTA de que estoy unido a la inteligencia infinita de mi mente subconsciente, que no conoce obstáculos, dificultades ni retrasos. Vivo con la alegre expectativa de lo mejor. Mi mente profunda responde a mis pensamientos. Sé que el trabajo del poder infinito de mi subconsciente no puede entorpecerse. La inteligencia infinita siempre acaba con éxito aquello que empieza. La sabiduría creativa trabaja a través de mí y lleva a término todos mis planes y propósitos. Cualquier cosa que empiece la concluyo con éxito. Mi objetivo en la vida es ofrecer un servicio maravilloso, y todos aquellos con quienes establezco contacto son bendecidos con lo que tengo que ofrecer. Todo mi trabajo da sus frutos según el orden divino.

Comentario: Si te cuesta terminar proyectos, cerrar tratos o cumplir tus compromisos, puede que tengas un bloqueo mental que te impida llevar las cosas a término, o quizá temas que otras personas se echen atrás. La constancia es crucial para el éxito.

Semana 43

SÉ UN GRAN PROFESOR

Porque no nos ha dado Dios un espíritu de cobardía sino de poder, amor y dominio propio. Creo firme e inquebrantablemente que Dios es mi abundante y omnipresente bien. Me revitalizo y prospero de todas las maneras. La paz mental es mía ahora. Irradio amor y buena voluntad hacia todos mis alumnos, el jefe de mi departamento, la junta y los administradores del colegio, mis compañeros de trabajo y todos los que me rodean. A todos les deseo paz, alegría y felicidad desde el fondo de mi corazón. La inteligencia y la sabiduría de Dios animan y sostienen a todos los que atienden a mis clases en todo momento, y recibo iluminación e inspiración. Cuando perciba la tentación de tener pensamientos negativos, pensaré inmediatamente en el amor sanador de Dios.

Comentario: Una joven maestra me comentó un día a modo de queja que no estaba obteniendo resultados a pesar de rezar por la prosperidad y el éxito de manera regular. Descubrí mientras hablaba con ella que se dedicaba inconscientemente a ensayar sus problemas, criticando y culpando a los alumnos, los padres y la administración del colegio. Le señalé que en realidad estaba malgastando los tesoros de la vida que había en su interior en pensamientos negativos que resultaban destructivos. Cambió de actitud mental y empezó a repetir esta afirmación frecuentemente con gran conciencia. Al cabo de un mes, esta profesora había establecido la armonía en todas sus relaciones y recibido el ascenso que deseaba.

Semana 44

ERIGE Y HAZ CRECER TU NEGOCIO

MI EMPRESA O TRABAJO se caracteriza por sus correctas acciones y expresiones. Las ideas, el dinero, el conocimiento y los contactos que necesito son míos ahora y en todo momento. Todas estas cosas se ven atraídas hacia mí de manera irresistible gracias a la ley de atracción universal. Dios es la vida de mi negocio; recibo orientación e inspiración divinas en todos los sentidos. Cada día se me presentan maravillosas oportunidades de crecer, expandirme y progresar. Estoy acumulando buena voluntad. Gozo de gran éxito porque hago negocios con los demás tal y como me gustaría que los hicieran conmigo.

Comentario: Un negocio exitoso no es más que una buena idea ejecutada adecuadamente. A muchas personas les da miedo montar una empresa porque temen no tener todo lo necesario para poner en práctica sus ideas. Esta afirmación te ayuda a atraer las ideas, el dinero, el personal y los contactos que necesitas para lanzar y desarrollar un negocio exitoso. Un deseo apasionado y la creencia real de que tu empresa triunfará, sumado a una constancia obstinada, dan como resultado el éxito.

Semana 45

PROTEGE TU HOGAR, TU NEGOCIO Y TUS POSESIONES

LA PRESENCIA UBICUA que define el curso de los planetas y hace que el sol brille protege mis posesiones, mi hogar, mi negocio y todas las cosas que son mías. Dios es la fuente de mi suministro. Ese suministro es mío ahora. Sus riquezas fluyen hacia mí libre, copiosa y abundantemente. Seré siempre consciente de mi verdadero valor. Ofrezco mis talentos con libertad, y se me recompensa de forma maravillosa y divina. ¡Gracias, Padre!

Comentario: Al recordarte a diario esta gran verdad, y observando las leyes del Amor, recibirás orientación, estarás protegido en todo momento y prosperarás en todos los sentidos. Nunca sufrirás la pérdida, pues has elegido al Más Elevado como Consejero y Guía. El manto del Amor de Dios te rodea, envuelve y circunda en todo momento. Descansas en los Brazos Eternos de Dios.

Semana 46

SUPERA LOS MIEDOS IRRACIONALES

ESTE MIEDO NO ES NADA MÁS que un pensamiento y un autoengaño. Yo tengo el control de mis pensamientos. Me imagino en presencia de la cosa o inmerso en la actividad que me asusta. Siento seguridad y tranquilidad.

Comentario: El miedo racional es bueno. Cuando escuchas un coche acercándose a ti por la calle, te apartas para sobrevivir. Con este gesto, superas el miedo momentáneo a ser atropellado. En cambio, los miedos irracionales los heredaste de tus padres, parientes, profesores y todos los que te influyeron en tus primeros años de vida. Estas fobias son miedos falsos o creencias extremadamente exageradas, como la de que las serpientes suponen una gran amenaza, cuando lo cierto es que la mayoría son inofensivas y quieren evitarte a ti tanto como tú a ellas.

El filósofo y poeta Ralph Waldo Emerson dijo: «Haz aquello que te dé miedo hacer, y la muerte del miedo estará asegurada». Empieza imaginando que te enfrentas a aquello que temes. Por ejemplo, si te da miedo el agua, ve a una piscina, observa el agua y di en voz alta y con fuerza: «Voy a dominarte. Puedo imponerme a ti». Después métete en el agua y da clases de natación si es necesario. Recuerda que eres tú quien domina el agua. No permitas que el agua te domine a ti. Cuando adoptas una nueva actitud mental, el poder omnipotente del subconsciente responde dándote fuerza, fe y confianza y permitiéndote superar tu miedo.

Semana 47

SUPERA LA ANSIEDAD DE LOS EXÁMENES

M E DOY CUENTA de que mi mente subconsciente es un almacén de memoria. Retiene todo lo que leo y escucho decir a mis profesores. Tengo una memoria perfecta, y la inteligencia infinita de mi subconsciente me revela constantemente todo lo que necesito saber en todos mis exámenes, ya sean escritos u orales. Irradio amor y buena voluntad hacia todos mis profesores y compañeros de estudio. Les deseo sinceramente éxito y todas las cosas buenas.

Comentario: Cuando se examinan, muchos estudiantes se percatan de que todo su conocimiento los ha abandonado de repente. Sus mentes se quedan vergonzosamente en blanco y son incapaces de recordar una sola idea relevante. Cuanto más aprietan los dientes y convocan los poderes de la voluntad, más parecen alejarse de ellos las respuestas. Sin embargo, cuando abandonan el aula y su presión mental disminuye, las respuestas que buscaban vuelven a aparecer en sus mentes. La causa de su fracaso yace en el intento de obligarse a recordar. Este es un ejemplo de la ley del esfuerzo inverso, que dictamina que recibes lo contrario de lo que pides y aquello por lo que rezas.

Semana 48

MANTÉN LA COMPOSTURA ANTE LAS AMENAZAS

SÉ QUE NINGÚN PENSAMIENTO NEGATIVO puede arraigarse jamás en mi mente, a menos que me deje emocionar por ese pensamiento y lo acepte mentalmente. Me niego a dar cabida a la sugestión atemorizante de cualquier otra persona. Por lo tanto, no puedo sufrir ningún daño. Trabajo y me relajo en el profundo y tranquilo océano de paz en el centro de mi ser.

Comentario: Una vez, mientras daba conferencias alrededor del mundo, mantuve una conversación de dos horas con un eminente miembro de un gobierno. Él gozaba de una profunda sensación de paz y serenidad internas. Me dijo que todas las críticas políticas que recibe de los periódicos y del partido de la oposición nunca le molestan. Lo que hace es sentarse tranquilamente durante quince minutos por la mañana y centrarse en que en el centro de su ser hay un profundo y tranquilo océano de paz. Meditar de esta forma le proporciona una gran fuerza con la que es capaz de superar todo tipo de dificultades y miedos.

Semana 49

SERENA UNA MENTE ATRIBULADA

DECRETO AHORA QUE LA INTELIGENCIA, sabiduría y paz de Dios se manifiestan en _____ y que es libre, radiante y feliz. Su mente está en el lugar correcto. La Mente de Dios es la única mente real y eterna; así es la mente de _____, que está equilibrado, sereno, en calma, relajado y en paz. Rebosa fe en Dios, en la vida y en todas las cosas buenas. Decreto esto, puedo sentirlo, y me lo imagino a él pleno y perfecto. Gracias, Padre.

Comentario: Cuando reces por una persona que tiene una enfermedad mental, no siempre es posible obtener su colaboración. Puede que haya dejado de razonar y discernir. En realidad, está gobernada por los fantasmas del subconsciente que se pasean por las oscuras galerías de su mente. Cuando rezas por una persona así, todo el trabajo recae sobre ti. Debes convencerte de su libertad, paz, armonía y comprensión. Repite esta afirmación dos o tres veces al día con amor, afecto y la creencia de que tu ser querido está mejorando.

Al repetirte estas Verdades, siendo consciente de que solo existe una mente, conseguirás alcanzar progresivamente, por medio de imágenes mentales frecuentes, una convicción dominante; en ese momento, cuando hayas logrado desterrar con tus palabras de amor a los fantasmas que poblaban su mente, la persona por la que rezas estará curada.

Semana 50

PERMANECE JOVEN

L A VIDA FLUYE A TRAVÉS DE MÍ como la electricidad a través de un cable. Es una fuerza sin edad que vigoriza constantemente mi mente y mi cuerpo. Espero con ganas cada nuevo día, que ofrece siempre oportunidades de aprender y disfrutar de la belleza que me rodea. Siento en todo momento curiosidad por explorar las maravillas del universo que se me revelan. Mi conocimiento y experiencia me permiten superar los desafíos que me separan de mis objetivos. Soy vibrante, resiliente e inmortal.

Comentario: Tu mente subconsciente nunca envejece. Es atemporal, no tiene edad ni final. Forma parte de la mente universal de infinito ser y poder, que jamás nació y nunca morirá. Ni la fatiga ni la vejez pueden afectar a ninguna cualidad ni poder espirituales. La paciencia, la amabilidad, la veracidad, la humildad, la buena voluntad, la paz, la armonía y el amor fraternal son atributos y cualidades que nunca envejecen. Si continúas generando tales características en este plano de vida, tu espíritu permanecerá siempre joven.

Semana 51

ENTRÉGATE AL PENSAMIENTO POSITIVO

A PARTIR DE ESTE MOMENTO, solo dejaré entrar en mi mente para consumo mental aquellas ideas y pensamientos que me curen, bendigan, inspiren y fortalezcan.

Comentario: Mucho antes que la Biblia, la sabiduría ancestral reveló: «Una persona se convierte en lo que imagina y lo que siente». Esta enseñanza ancestral se remonta al origen de los tiempos, se pierde en la antigüedad. Pyotr Demianovich Ouspensky, un matemático y pensador esotérico ruso, recalcó la importancia de la voz interior o la conversación con uno mismo, dado que el sentimiento interior se traduce en comportamientos y actitudes externas. ¿Es agradable tu voz interior? Deja que tus palabras, tu pensamiento interno silencioso y tu sentimiento concuerden con tu deseo. El señor Nicols, discípulo de Ouspensky, solía decir: «Observa lo que dices internamente, y deja que concuerde con tu objetivo». La unión del deseo y el sentimiento en un matrimonio mental da lugar a una oración respondida.

Semana 52

ESCRIBE TU PROPIA AFIRMACIÓN PARA CONTRARRESTAR UN PENSAMIENTO NEGATIVO O DESTRUCTIVO

_____

_____

_____

_____

_____

_____

_____

Comentario: Es posible que otras personas hayan sembrado pensamientos negativos y derrotistas en tu mente a lo largo de tu vida, como «Fracasarás», «No tienes ninguna posibilidad», «Estás completamente equivocado», «No sirve de nada», «No es cuestión de cuánto sabes, sino de a quién conoces», «El mundo se va a pique», «¿Para qué, si a nadie le importa?», «No merece la pena esforzarse tanto», «Ya eres demasiado viejo», «Las cosas van de mal en peor», «La vida es una rutina agotadora», «El amor es para tontos», «No puedes ganar», «Dentro de poco estarás en la ruina», «Cuidado o pillarás el virus» o «No puedes confiar en nadie».

Identifica un pensamiento negativo o destructivo que haya sido sembrado en tu cerebro, escribe tu propia afirmación para contrarrestarlo y utiliza la autosugestión (repitiendo la afirmación) para sustituir el pensamiento destructivo por uno constructivo. Vuelve a acondicionar tu mente de esta forma para volver a instaurar pensamientos y comportamientos sanos.

MÁS TÉCNICAS PARA SEMBRAR PENSAMIENTOS EN LA MENTE SUBCONSCIENTE

L AS AFIRMACIONES SON muy efectivas para sembrar pensamientos y deseos en la mente subconsciente, que funciona de manera creativa y con gran persistencia para hacer realidad dichos deseos. Sin embargo, hay otra serie de prácticas que también resultan muy efectivas. La tercera parte de este libro presenta otras diez técnicas para controlar tus propios pensamientos y convertirte así en el dueño de tu propio destino.

LA TÉCNICA DE LA ENTREGA

Esta técnica consiste, esencialmente, en inducir a la mente subconsciente a que se haga cargo de tu deseo tal y como se lo entrega la mente consciente. La mejor manera de incitar esta persuasión es adoptando una especie de estado de ensoñación. Ten en cuenta que tu mente profunda alberga una inteligencia y poder infinitos. Tan solo medita con calma sobre aquello que deseas; imagina cómo se hace realidad a partir de ese mismo momento. Adopta la misma actitud que una niña que tenía mucha tos y a la que le dolía la garganta. Ella afirmó con contundencia y de manera repetida: «Se me está pasando ya. Se me está pasando ya». Se le pasó al cabo de aproximadamente una hora. Emplea esta técnica con total sencillez e ingenuidad.

Tu subconsciente aceptará tus planos

Si tuvieras que construir una casa para ti y tu familia, te interesarían los planos del edificio y te asegurarías de que los constructores se ciñeran a ellos. Estarías al tanto de los materiales y elegirías únicamente la madera y el acero de mejor calidad. De hecho, elegirías la mejor calidad para todo. Pero ¿qué hay de tu casa mental y tus planos mentales para lograr felicidad y abundancia? Todas tus experiencias y todo lo que llega a tu vida dependen de la naturaleza de las piezas que emplees para la construcción de tu hogar mental.

Si tus planos están llenos de patrones mentales basados en el miedo, la preocupación, la ansiedad o la carencia, y si te muestras abatido, dubitativo y cínico, la textura de los materiales mentales que dan forma a tu mente redundará en más esfuerzo, preocupación, tensión, ansiedad y limitaciones de todo tipo. Ocuparte de los materiales con los que construyes tu mentalidad durante cada una de las horas del día constituye la actividad más importante y fructífera de tu vida. Tu palabra es silenciosa e invisible; a pesar de ello, es real. Construyes tu hogar mental en todo momento, y tus pensamientos e imágenes mentales representan tu proyecto. Hora a hora, momento a momento, puedes construir una salud, un éxito y una felicidad radiantes por medio de los pensamientos que albergues, las ideas que acojas, las creencias que aceptes y las escenas que ensayes en el estudio oculto de tu mente. Esta gran mansión, en cuya construcción estás perpetuamente involucrado, es tu personalidad, tu identidad en este plano, tu historia vital entera en este mundo.

Consigue unos nuevos planos

Construye tu nueva realidad con tranquilidad, trayendo paz, armonía, alegría y buena voluntad al momento presente. Al meditar sobre estas cosas y reclamarlas, tu subconsciente aceptará tus planos y hará realidad todas estas cosas. «Por sus obras los conoceréis».

LA ORACIÓN CIENTÍFICA

La oración es la formulación de una idea relativa a algo que deseas lograr. Es el deseo sincero del alma. Tu deseo es tu oración. Procede de tus necesidades más profundas y revela las cosas que le pides a la vida. El hambre y la sed son oraciones que se atienden diariamente varias veces al día para miles de millones de personas. Uno también puede tener hambre y sed de paz, armonía, salud, riqueza, alegría y otras bendiciones de la vida y ver cumplidas estas oraciones.

La oración científica consiste en pensar en lo que quieres, lo que anhelas. El término *ciencia* hace referencia a un conocimiento coordinado, estructurado y sistematizado. Para orar científicamente, debes formarte una imagen mental clara (coordinada, estructurada y sistematizada) mientras realizas tu petición.

«Pedid, y se os dará; buscad, y hallaréis; llamad, y se os abrirá» (Mateo 7:7). Esto quiere decir que recibirás aquello que pidas. La puerta se te abrirá al llamar, y hallarás aquello que buscas. Esta enseñanza implica la certeza de las leyes mentales y espirituales. La Inteligencia Infinita de tu mente subconsciente siempre da una respuesta directa a tu pensamiento consciente. Si pides pan, no recibirás una piedra.

Si quieres recibir, debes pedir con fe. Tu mente convierte el pensamiento en objeto. Si no existe primero una imagen en la mente, esta no puede moverse, pues no tendrá nada hacia lo que dirigirse. Tu oración, que es tu acto mental, debe ser asumida como una imagen en tu mente antes de que el poder de tu subconsciente actúe sobre ella y la vuelva productiva. Debes alcanzar un punto de aceptación en tu mente: un acuerdo incondicional e indiscutible. Esta contemplación debe ir acompañada de un sentimiento de alegría y tranquilidad ante el futuro cumplimiento de tu deseo.

La base sólida sobre la que se asientan el arte y la ciencia de la oración verdadera consiste en saber y tener una total confianza en que el movimiento de tu mente consciente obtendrá una respuesta concreta de tu mente subconsciente, pues esta última está unida a una sabiduría ilimitada y un poder infinito. Al seguir este procedimiento, tus oraciones serán atendidas.

LA TÉCNICA DE LA VISUALIZACIÓN

La manera más fácil y evidente de formular una idea consiste en visualizarla, en imaginarla vivamente, como si fuera real. Con los ojos solo puedes ver lo que ya existe en el mundo externo; de manera similar, lo que puedes visualizar en tu mente ya existe en su reino invisible. Toda imagen mental que tengas comparte sustancia con aquello que deseas y la evidencia de cosas no vistas. Las imágenes que se forman en tu imaginación son tal reales como cualquier parte de tu cuerpo. La idea y el pensamiento son reales y un día se manifestarán en tu mundo objetivo si te mantienes fiel a tu imagen mental.

Esta manera de pensar forma impresiones en tu mente; estas impresiones, a su vez, se manifiestan en forma de hechos y experiencias en tu vida.

Un constructor visualiza el tipo de edificio que quiere; lo ve tal y como desea que sea. Sus imágenes y procesos mentales se convierten en un molde plástico a partir del cual surgirá el edificio: bello o feo, alto o bajo. Su imagen mental se proyecta tal y como se dibuja sobre un papel. Finalmente, el contratista y sus empleados consiguen los materiales, y el edificio progresa hasta quedar terminado conforme a los diseños mentales del arquitecto.

Yo utilizo la técnica de la visualización antes de salir a dar una conferencia. Sereno mi mente para poder ofrecerle a la mente subconsciente las imágenes de mi pensamiento. Después me imagino el auditorio entero y los asientos ocupados por personas. Me imagino a cada una de las personas iluminada por la presencia sanadora infinita que reside en su interior. Me las imagino radiantes, felices y libres. Después de construir la idea en mi imaginación, la retengo ahí en forma de imagen mental mientras visualizo a toda esa gente decir: «Me he curado», «Me siento genial», «He experimentado una sanación instantánea», «Me he transformado». Continúo haciendo esto durante unos diez minutos o más, sabiendo y sintiendo que la mente y el cuerpo de cada persona están saturados de amor, plenitud, belleza y perfección. Mi conciencia de ello crece hasta el punto de que mi mente puede incluso escuchar las voces de la multitud anunciando su salud y felicidad; entonces me libero de la imagen y subo al estrado. Casi todos los domingos hay personas que me paran y me dicen que sus oraciones han sido atendidas.

EL MÉTODO DE LA PELÍCULA MENTAL

Los chinos dicen: «Una imagen vale más que mil palabras». William James, padre de la psicología estadounidense, insistió sobre el hecho de que la mente subconsciente hará realidad cualquier imagen que albergue la mente y esté respaldada por la fe. «Actúo como si fuera, y seré».

Hace unos años me encontraba dando conferencias en varios estados del Medio Oeste de Estados Unidos, y quise buscar un lugar fijo en la zona desde el que poder atender a aquellos que desearan ayuda. Viajé mucho, pero aquel deseo no me abandonó. Una noche, en un hotel en Spokane, en el estado de Washington, me senté relajadamente en un sofá, centré mi atención y de manera tranquila y pasiva imaginé que estaba hablándole a un gran público, al que le decía: «Me alegro de estar aquí; he rezado por la oportunidad ideal». Visualicé el público imaginario y sentí su realidad. Adopté el papel de un actor, interpreté aquella película mental y me satisfizo saber que la imagen estaba transmitiéndose a mi mente subconsciente, que la haría realidad a su manera.

Al despertar a la mañana siguiente, sentí una gran paz y satisfacción, y al cabo de unos pocos días recibí un telegrama en el que se me pedía que me hiciera cargo de una organización en el Medio Oeste, cosa que hice y de la que disfruté tremendamente durante varios años. El método que he esbozado aquí apela a muchos, que lo han descrito como «el método de la película mental».

He recibido muchas cartas de personas que escuchan mis charlas radiofónicas y mis conferencias semanales, y en ellas me hablan de los maravillosos resultados que han obtenido por medio de esta técnica, que han empleado para vender sus propiedades. Les sugiero a aquellos que posean casas u otras propiedades a la venta que se satisfagan mentalmente pensando que el precio que han establecido es el adecuado. Luego afirmo que la Inteligencia Infinita está atrayendo hacia ellos al comprador que realmente desea su propiedad y que la amará y prosperará en ella. Tras esto, les sugiero que serenen su mente, se relajen, se dejen llevar y adopten un estado somnoliento que reduzca al mínimo todo esfuerzo mental. Después deben imaginar el cheque entre sus manos, regocijarse con el cheque, dar gracias por el cheque e irse a dormir sintiendo la naturalidad de la película mental entera que han creado en su mente.

Deben actuar como si fuera una realidad objetiva. La mente subconsciente la asumirá como una impresión y, por medio de las corrientes profundas de la mente, el comprador y el vendedor se encontrarán. *Una imagen mental albergada en la mente, respaldada por la fe, se hará realidad.*

LA TÉCNICA BAUDOIN

Charles Baudoin fue un profesor del Instituto Rousseau de Francia. Fue un extraordinario psicoterapeuta y director de investigaciones de la New Nancy School of Healing, que en 1910 enseñó que la mejor forma de producir impresiones en la mente subconsciente era accediendo a un estado somnoliento o similar en el que todo esfuerzo quedaba reducido al mínimo. Después, de una forma pasiva y receptiva, por medio de la reflexión, Baudoin transmitía la idea al subconsciente. Lo que sigue es su fórmula:

Una manera muy sencilla de asegurar esta [impregnación de la mente subconsciente] consiste en condensar la idea que debe ser el objeto de la sugestión, resumirla en una frase breve, que pueda inscribirse fácilmente en la memoria, y repetirla una y otra vez como una nana.

Hace unos años, una joven de Los Ángeles se vio envuelta en un amargo y prolongado proceso legal a cuenta de una herencia. Su marido le había dejado todas sus propiedades, y los hijos e hijas del fallecido, fruto de un matrimonio anterior, se estaban esforzando denodadamente por anular la herencia. La mujer conoció entonces la técnica Baudoin, y esto es lo que hizo: se sentó en un sillón y relajó el cuerpo, accedió al estado somnoliento y, tal y como se sugiere, condensó la idea de su necesidad en una frase compuesta de seis palabras fáciles de grabar en la memoria. «Ha concluido según el Orden Divino».

Estas palabras significaban que la Inteligencia Infinita que operaba por medio de las leyes de su mente subconsciente produciría un acuerdo armonioso gracias al principio de la armonía. La mujer puso en práctica este procedimiento todas las noches durante aproximadamente diez días. Después de acceder a un estado somnoliento, afirmaba de manera lenta, tranquila y sentida: «Ha concluido según el Orden Divino». Lo hacía una y otra vez, imbuida de una paz interior y una tranquilidad que lo impregnaba todo; después se quedaba dormida como de costumbre.

La mañana del undécimo día, tras haber puesto en práctica la técnica descrita, se despertó con una sensación de bienestar y la convicción de que todo había terminado. Ese mismo día recibió una llamada de su abogado, que le dijo que el abogado de la otra parte y sus clientes estaban dispuestos a llegar a un acuerdo. Efectivamente, alcanzaron un acuerdo armonioso y se suspendió el litigio.

LA TÉCNICA DEL SUEÑO

Al entrar en un estado somnoliento, el esfuerzo se reduce al mínimo. En dicho estado, la mente consciente se halla sumergida en buena medida. Esto se debe a que el mayor afloramiento del subconsciente se produce justo antes de dormir y nada más despertar. Durante ese tiempo, los pensamientos negativos, que tienden a neutralizar tu deseo e impiden la colaboración de tu mente subconsciente, dejan de comparecer.

Supongamos que quieres deshacerte de un hábito destructivo. Adopta una postura cómoda, relaja el cuerpo y quédate quieto. Accede a un estado somnoliento y, de forma tranquila, repite una y otra vez, como si se tratara de una nana: «Me he librado completamente de este hábito; reinan la armonía y la paz mental». Repite la afirmación lenta, tranquila y amorosamente durante cinco o diez minutos antes de irte a dormir y al despertarte cada mañana. Cada vez que repitas las palabras, su valor emocional aumentará.

Cuando sientas la tentación del hábito negativo en cuestión, repite la fórmula en voz alta. De este modo, inducirás al subconsciente a aceptar la idea y se producirá la sanación.

LA TÉCNICA DEL AGRADECIMIENTO

En la Biblia, san Pablo aconseja que anunciemos nuestros deseos con alabanzas y agradecimientos. Esta sencilla forma de oración produce unos resultados extraordinarios. El corazón agradecido siempre está cerca de las fuerzas creadoras del universo, logrando que fluyan hacia él infinitas bendiciones gracias a la ley de la relación recíproca, basada en la ley cósmica de acción y reacción.

Por ejemplo, un padre promete a su hijo comprarle un coche después de su graduación; el chico no ha recibido aún el coche, pero está muy agradecido y feliz, y se muestra igual de alegre que si ya lo tuviera. Sabe que su padre cumplirá su promesa y está lleno de gratitud y alegría aunque aún no tenga el coche, objetivamente hablando. Sin embargo, en su mente lo ha recibido ya con alegría y agradecimiento.

Relataré cómo el señor Broke aplicó esta técnica con resultados excelentes. Dijo: «Las facturas se me están acumulando, no tengo trabajo, tengo tres hijos pero nada de dinero. ¿Qué voy a hacer?». Durante aproximadamente tres semanas, cada noche y cada día repitió las siguientes palabras: «Gracias, Padre, por mi riqueza». Lo hacía de manera relajada y tranquila hasta que el sentimiento o actitud de agradecimiento dominaba su mente. Imaginó que se dirigía al poder e inteligencia infinitos en su interior, aun sabiendo, por supuesto, que no podía ver la inteligencia creativa ni la mente infinita. Veía con el ojo interno de la percepción espiritual, consciente de que su imagen-pensamiento de riqueza era la primera causa que necesitaba en lo que se refería al dinero, el trabajo y la comida. Su sentimiento-pensamiento fue la sustancia de una riqueza libre de cualquier tipo de condicionante previo.

Al repetir «Gracias, Padre» una y otra vez, su mente y su corazón alcanzaron la aceptación. Cuando el miedo y los pensamientos de escasez, pobreza y tristeza le venían a la mente, decía «Gracias, Padre» todas las veces que hacía falta. Sabía que, si mantenía su actitud de agradecimiento, lograría que su mente acogiera la idea de riqueza, que es precisamente lo que sucedió.

El resultado de las oraciones de aquel hombre resulta muy interesante. Después de rezar de esta manera, se encontró con un antiguo jefe suyo al que llevaba veinte años sin ver.

El hombre le ofreció un puesto muy lucrativo y le prestó quinientos dólares a modo de anticipo. Hoy el señor Broke es el vicepresidente de su empresa. Recientemente me dijo: «Nunca olvidaré las maravillas que ofrecen las palabras "Gracias, Padre". Han obrado milagros para mí».

EL MÉTODO ARGUMENTATIVO

Este método consiste en lo que indica su nombre. Deriva de la práctica del doctor Phineas Parkhurst Quimby de Maine. El doctor Quimby, pionero de la sanación mental y espiritual, vivió y trabajó en Belfast, en el estado de Maine, hace unos cien años. Es posible que encuentres el libro *Los manuscritos Quimby*, publicado originalmente en 1921, en bibliotecas. El libro recoge noticias publicadas en periódicos acerca de los extraordinarios resultados obtenidos por aquel hombre a la hora de tratar a los enfermos mediante oraciones.

Quimby replicó muchos de los milagros sanadores recogidos en la Biblia. En pocas palabras, el método argumentativo de Quimby consiste en un razonamiento espiritual mediante al cual uno se convence a sí mismo y al paciente de que su enfermedad es fruto de falsas creencias, miedos infundados y patrones negativos alojados en su mente subconsciente. Uno lo razona de forma clara en su mente, y después se convence al paciente de que la enfermedad o dolencia se debe únicamente a un patrón de pensamiento distorsionado y retorcido que ha tomado forma en su cuerpo. Esta falsa creencia en algún tipo de poder externo y causas externas se ha manifestado en forma de enfermedad, y puede modificarse alterando los patrones del pensamiento.

Se le explica a la persona enferma que la base de toda sanación es un cambio de creencias. También se señala que la mente subconsciente creó el cuerpo y todos sus órganos; por lo tanto, sabe cómo sanarlos y, de hecho, está procediendo a hacerlo mientras hablas. En el juzgado de tu mente expones que la enfermedad es una sombra de la mente basada en imágenes mentales enfermizas y morbosas. Continúas acumulando todas las evidencias posibles de parte del poder sanador que hay en ti, que creó todos tus órganos y posee un patrón perfecto de cada célula, nervio y tejido que contienen. Después pronuncias un veredicto en el juzgado de tu mente favorable a ti mismo y a tu paciente. Liberas al enfermo por medio de la fe y la comprensión espiritual. Tus pruebas mentales y espirituales son abrumadoras; al no haber más que una sola mente, lo que tú sientes como verdadero se manifestará en la experiencia del paciente.

EL MÉTODO ABSOLUTO

Muchas personas en todo el mundo ponen en práctica este tratamiento con resultados maravillosos. La persona que utiliza el método absoluto menciona el nombre del paciente, pongamos John Jones, y después piensa tranquila y silenciosamente en Dios y sus cualidades y atributos, tales como: Dios es todo dicha, amor sin límites, inteligencia infinita, todopoderoso, sabiduría sin fin, armonía absoluta, belleza indescriptible y perfección.

A medida que piensa de esta forma, su conciencia se eleva hasta una nueva longitud de onda espiritual, y en esos momentos siente que el océano infinito del amor de Dios disuelve todo lo que no se parece a él en la mente y el cuerpo de

John Jones, por quien está rezando. Siente que todo el poder y el amor de Dios se centran ahora en John Jones, y cualquier cosa que lo moleste o preocupe queda completamente neutralizado en presencia del océano infinito de la vida y el amor.

El método absoluto puede compararse con la terapia de ondas sonoras, o terapia sónica, que recientemente me ha enseñado un médico distinguido de Los Ángeles. Posee una máquina de ultrasonido que oscila a una frecuencia tremenda y envía ondas de sonido a cualquier zona del cuerpo. Estas ondas sonoras pueden controlarse, y me contó que obtenía resultados extraordinarios a la hora de disolver depósitos calcáreos artríticos, además de curar y extirpar otras afecciones molestas.

En la medida en que elevamos nuestra conciencia contemplando las cualidades y atributos de Dios, generamos ondas eléctricas espirituales de armonía, salud y paz. Muchas sanaciones extraordinarias siguen esta técnica.

El doctor Phineas Parkhurst Quimby, a quien ya hemos mencionado, empleó el método absoluto en los últimos años de su carrera como sanador. Lo cierto es que fue el padre de la medicina psicosomática y el primer psicoanalista. Tenía la capacidad de diagnosticar con clarividencia la causa de los problemas y dolores de sus pacientes. Lo que sigue es el relato resumido de la sanación de una persona tal y como la recoge Quimby en sus manuscritos.

Quimby atendió una vez a una mujer envejecida, incapacitada y obligada a guardar cama. En sus manuscritos afirma que su enfermedad era fruto de un sistema de creencias tan pequeño y constreñido que no era capaz de ponerse en pie y andar. Vivía en el sepulcro del miedo y la ignorancia; además, se tomaba la Biblia al pie de la letra y le asustaba: «En este sepulcro —dijo Quimby— estaba la presencia y el poder de

Dios tratando de reventar las vendas, cortar las cadenas y levantarse de entre los muertos». Cuando la mujer les pedía a otras personas que le explicaran algún pasaje de la Biblia, la respuesta que recibía era una piedra; entonces sentía hambre del pan de la vida.

El doctor Quimby le diagnosticó una mente nublada y estancada, fruto de la excitación y el miedo provocados por la incapacidad de ver claramente el significado del pasaje de la Biblia que había estado leyendo. Esto se manifestaba en su cuerpo mediante aquella sensación de pesadez e indolencia que amenazaban con desembocar en parálisis. Llegado este punto, Quimby le preguntó qué significaban los siguientes versículos de la Biblia: «Todavía un poco de tiempo estaré con vosotros, e iré al que me envió. Me buscaréis, y no me hallaréis; y, a donde yo estaré, vosotros no podréis venir» (Juan 7:33-34). Ella respondió que significaba que Jesús fue al cielo.

Quimby le dijo que «estaré con vosotros» hacía referencia, en realidad, a las explicaciones que él mismo le estaba ofreciendo a ella acerca de sus síntomas, sus sentimientos y sus causas; es decir, a la compasión y empatía momentáneas que le estaba dedicando. Sin embargo, él no podía permanecer en ese estado mental. El siguiente paso consistía en acudir a Él que nos creó, que, como Quimby señaló, era el poder creativo de Dios que hay en todos nosotros. Quimby viajó inmediatamente en su mente y contempló el ideal divino, es decir, la vitalidad, inteligencia, armonía y poder de Dios actuando en la persona enferma. Por este motivo, le dijo a la mujer: «Por lo tanto, donde yo voy no puedes venir, pues estás en una creencia estrecha y restringida y yo estoy en la salud». Aquella oración y explicación provocó una sensación instantánea, y se produjo un cambio en la mente de la mujer. ¡Caminó sin sus muletas!

Quimby dijo que aquella fue una de sus sanaciones más singulares. La mujer estaba, por así decirlo, muerta en el error, y devolverla a la vida o la verdad era resucitarla de entre los muertos. Quimby citó la resurrección de Cristo y se la aplicó la salud de la mujer, al Cristo que esta representaba; aquello produjo un efecto poderoso en ella. Quimby también le explicó que la verdad, que ella aceptó, era el ángel o la idea que retiraba la piedra del miedo, la ignorancia y la superstición y que, por lo tanto, liberaba el poder curativo de Dios, que le devolvió su plenitud.

EL MÉTODO DEL DECRETO

El poder accede a nuestra palabra según el sentimiento y fe que haya detrás. Cuando nos damos cuenta de que el poder que impulsa el mundo se mueve en nuestro nombre y respalda nuestra palabra, crecen nuestra confianza y nuestra seguridad. Uno no intenta añadir fuerza a la fuerza; por lo tanto, no debe haber ningún esfuerzo, coerción, fuerza o lucha mental.

Una joven empleó el método del decreto con un joven que no dejaba de llamarla por teléfono para pedirle citas e iba a buscarla al trabajo; le costaba mucho librarse de él. Decretó lo siguiente: «Le entrego _____ a Dios. Él está en su verdadero lugar en todo momento. Yo soy libre, y él es libre. Decreto ahora que mis palabras acceden a la mente infinita y esta las hace realidad. Así es».

Ella cuenta que el hombre desapareció y que no ha vuelto a verlo desde entonces. Añadió: «Es como si la tierra se lo hubiera tragado». «Determinarás asimismo una cosa, y te será firme, y sobre tus caminos resplandecerá luz» (Job 22:28).

CUARTA PARTE

LIBERA EL PODER INFINITO
QUE HAY EN TI

EXISTE UN PODER INFINITO en tu interior capaz de elevarte, sanarte, inspirarte, guiarte, dirigirte y colocarte en la senda de la felicidad, la libertad, la paz mental y la alegría de una vida plena y triunfal.

Muchas personas de todo tipo avanzan día tras día y alcanzan y logran grandes cosas. Son personas vitales, fuertes y sanas, y ofrecen infinidad de bendiciones a la humanidad. Parecen imbuidas o poseídas por una fuerza primaria que opera constantemente en su beneficio.

Tú también posees ese poder interior. Tan solo debes aprender a alinearte y comunicarte con este Poder Infinito y hacer uso de él en tu vida diaria. Mi objetivo en esta parte del libro es explicar los grandes poderes básicos, fundamentales e ilimitados de tu mente en el lenguaje más sencillo y directo posible.

Te incito a estudiar estas páginas con sinceridad y poner en práctica las muchas técnicas efectivas que se sugieren y detallan en este apartado. Conforme lo hagas, estoy convencido de que tu comunicación mental con este Poder Infinito que hay en ti te permitirá a elevarte con confianza sobre la confusión, la tristeza, la melancolía y el fracaso.

Este Poder Infinito te guiará infaliblemente hasta el lugar que de verdad te corresponde, solucionará tus problemas y dificultades, te alejará para siempre de la necesidad y la limitación y te colocará en el camino de una vida gloriosa y serena.

LO QUE LOS PODERES INFINITOS DE LA MENTE HAN HECHO PARA OTROS

Llevo hablando y escribiendo sobre los poderes milagrosos de la mente durante más de treinta años, tanto en Estados Unidos como en el extranjero. He presenciado los siguientes cambios en las vidas de innumerables personas que emplearon los Poderes Infinitos de su mente con sinceridad:

• Gran riqueza.
• Nuevas amistades y maravillosos compañeros de vida.
• Protección de todo peligro.
• Sanación de supuestas enfermedades incurables.
• Liberación de la autocondenación y la autocrítica.
• Aclamación, honores y reconocimiento públicos.
• Una nueva vitalidad y amor por la vida.
• Paz conyugal y felicidad allí donde antes había discordia.
• Serenidad en este mundo cambiante.
• Y, sobre todo, la alegría de ver atendidas sus peticiones.

Este poder milagroso opera en todos los ámbitos y niveles de la vida. Según mis observaciones y experiencia, las personas que usan este Poder Infinito provienen de todo tipo de entornos sociales y tienen niveles de ingresos muy variados. Hablamos de alumnos de secundaria, estudiantes universitarios, taquígrafos, taxistas, profesores de universidad, científicos, farmacéuticos, banqueros, médicos, quiroprácticos, amas de casa, directores ejecutivos, cineastas, actores y camioneros.

Estas personas han descubierto un Poder misterioso pero intensamente real que los ha rescatado del fracaso, la tristeza, la necesidad y la desesperación y ha solucionado sus problemas, ha secados sus lágrimas, ha eliminado sus ataduras emocionales y económicas y las ha colocado en una senda que las ha librado de cargas frustrantes y les ha traído fama, riqueza y nuevas y gloriosas oportunidades para llevar una vida plena. Además, todas estas personas descubrieron un amor mágico y sanador que curó sus corazones heridos y restauró sus almas para poder llevar una vida perfecta.

UN ENFOQUE PRÁCTICO

Uno de los aspectos más característicos del Poder Infinito es su pragmatismo terrenal y su utilidad cotidiana. Aprenderás a usar tu extraordinaria habilidad innata para visualizar acontecimientos futuros y permitir que la voz de tu intuición te guíe.

Aquí encontrarás todos los métodos necesarios para hacer uso del Poder Infinito que hay en tu interior, en forma de técnicas y fórmulas prácticas y sencillas que podrás aplicar en tu vida cotidiana. Este Poder no solo ofrece respuestas a preguntas, sino soluciones a problemas personales. He aquí algunos ejemplos: cómo aumentar la confianza y la compostura; cómo invocar el éxito en los negocios o el trabajo; cómo usar la percepción extrasensorial para bendecirse a uno mismo y a los demás; cómo recibir orientación Divina; con cuánta frecuencia rezar por una persona enferma; cómo cooperar con el médico, y cómo usar las afirmaciones de manera efectiva. Este libro explica a qué se debe que las oraciones que has hecho en el pasado quizá no hayan recibido respuesta y cómo reclamar y reconocer la orientación Divina. Aquí encontrarás, expuesto de manera perfectamente clara y práctica, todo lo necesario para hacer uso de los tremendos poderes de lo Infinito.

CÓMO PERMITIR QUE OCURRAN MARAVILLAS EN TU VIDA

Las mayores verdades de la vida son las más sencillas. En esta parte del libro te presento estas grandes verdades con la máxima sencillez y claridad narrativa. Expondré cómo elevarte sobre cualquier problema que puedas tener y cómo recibir orientación y las bendiciones de una petición atendida.

Cada día de tu vida será más rico, grandioso, noble y maravilloso a medida que pongas en práctica las técnicas específicas recogidas en estas páginas para liberar este Poder Infinito Oculto que hay en ti. Si sigues las instrucciones y accedes a este Poder Infinito, atraerás todas las cosas buenas de la vida en abundancia.

Sigue estas instrucciones ahora para liberar el esplendor aprisionado que hay en tu interior, y permite que se produzcan en tu vida las maravillas de todo lo que es bueno y satisfactorio.

Capítulo 1

ENRIQUECE TU VIDA

EL PODER INFINITO QUE HAY EN TI puede librarte de la enfermedad, la melancolía, el fracaso y la frustración y colocarte en la senda de la salud, la felicidad, la abundancia y la seguridad. He visto cómo se han producido transformaciones milagrosas en personas de todo tipo y en distintos lugares del mundo después de que empezaran a contactar con este Poder Infinito que hay en su interior y a liberarlo.

Hace unos meses me pasé dos horas en un hospital hablando con un alcohólico hundido en la desesperación. Empezó a utilizar su Poder y ahora se muestra fuerte, vital y feliz, y dirige un negocio próspero. Se transformó en un abrir y cerrar de ojos, y el Poder Sanador Infinito empezó a fluir a través de él. Sus problemas se evaporaron, la paz invadió su mente atribulada y ha vuelto a casa con su mujer y sus hijos.

De manera cierta, tajante y absoluta, este Poder Infinito que hay en ti está esperando a ser liberado. Es capaz de transformar tu vida de manera tan completa, radical y maravillosa que, después de apenas unas semanas o meses, es posible que tus amigos íntimos no te reconozcan.

Este Poder Infinito fue la fuente de la redención de un criminal condenado que había asesinado a varias personas y que ahora es un hombre cuasidivino que ayuda a otras personas a llevar una vida gloriosa y pacífica. Aquel hombre me dijo: «Un mes después de empezar a contactar con este Poder Infinito del que me hablaste, me miré en el espejo y de pronto me di cuenta de que no era el mismo hombre. No puedo repetir ninguno de mis antiguos crímenes». Luego añadió: «Estoy empezando a preguntarme si yo era aquel asesino». El hombre había descubierto el Poder que había en su interior, que abre incluso las puertas de las cárceles, y este Poder lo liberó. La Presencia Sanadora Infinita había reparado su alma.

Este misterioso Poder Infinito puede obrar milagros en ti también. A medida que leas detenidamente este capítulo y los siguientes, te darás cuenta de que puedes dirigir el flujo de este Poder de modo que puedas recibir nuevas ideas que valen fortunas. Lo único que necesitas es una mente abierta y un deseo de llevar una vida plena, feliz, emocionante y abundante.

CÓMO USAR ESTE PODER EXTRAORDINARIO

A lo largo de la historia, las personas han ido descubriendo un Poder Infinito que les ha revelado sus talentos ocultos. Recibieron inspiración de lo Alto, además un maravilloso y glorioso conocimiento original procedente del Almacén Infinito que hay en su interior. Este Poder puede aportarte la sabiduría, el poder y la dinámica necesarios para alcanzar las metas que te marques. Lo único que tienes que hacer es cooperar y alinearte con Él.

Puedes usar este Poder Infinito para atraer al socio indicado para tus negocios, encontrar los amigos adecuados y conseguir tu hogar ideal. Puedes prosperar más que en tus mayores sueños, descubrir la alegría y la libertad de ser y hacer, y viajar siguiendo los deseos de tu corazón.

CÓMO UN BOTONES DESCUBRIÓ LA CLAVE PARA LOGRAR UN ASCENSO INMEDIATO

Una vez di una charla en Ottawa, Canadá. Al terminar, estuve hablando con un joven que me contó que había trabajado de botones en un hotel de Nueva York, y que un día un cliente le había dado un ejemplar de mi libro *El poder de tu mente subconsciente*. Lo leyó cuatro veces y, siguiendo las instrucciones contenidas en él, empezó a repetir al acostarse: «El ascenso es mío ahora. El éxito es mío ahora. La riqueza es mía ahora». Se quedaba dormido cada noche repitiendo estas palabras, y al cabo de unas dos semanas se convirtió de pronto en asistente de dirección de una cadena de hoteles. A los seis meses, era su director general. Sabía que el poder que fluía a través de él procedía de Dios. «Y pensar —dijo— que durante varios años estuve viviendo con apenas un hilillo del enorme potencial que había en mí». Aquel hombre aprendió a liberar el Poder Infinito que había en él, y su vida entera alcanzó la armonía por su milagroso trabajo.

CÓMO UNA ESTUDIANTE CONVIRTIÓ EL FRACASO EN ÉXITO INSTANTÁNEO

Hace unos años, una joven estudiante vino a verme a petición de su padre. Le iba mal en los estudios. Hablé con ella y descubrí que tenía una buena mente y unas bases sólidas de conocimiento sobre la ley de la mente. Le pregunté:

—¿Por qué eres tan dura contigo misma? ¿Por qué te estimas tan poco?

Se puso colorada y me respondió:

—Es que soy la tonta de la familia. Mi padre dice que nunca llegaré a nada, que mis hermanos son listos, igual que él, y que yo soy estúpida, como mi madre.

—Pues bien —le respondí—, eres hija de Dios. Todos los poderes, atributos, cualidades y sabiduría infinitos de Dios están en tu interior esperando a ser liberados y utilizados. Dile a tu padre de mi parte que jamás debería decirle cosas tan tremendamente negativas a su hija, sino que debería animarte y recordarte que la Inteligencia Infinita de Dios vive en ti y que, cuando la invocas, Ella te responde. Dile también que probablemente haya en ti más tendencias genéticas suyas que de tu madre.

Le dije que repitiera la siguiente afirmación todas las mañanas antes de ir a clase y todas las noches antes de dormir.

Soy hija de Dios. Nunca volveré a subestimar mis poderes internos ni a menospreciarme de ninguna manera. Exalto a Dios en mi seno. Sé que Dios me ama y cuida de mí. Está escrito: «Él tiene cuidado de vosotros» (1 Pedro 5:7). Todo lo que leo y estudio es absorbido inmediatamente por mi mente, que lo reflejará al instante en cuanto lo necesite. Irradio amor sobre mi padre, mis hermanos, mis profesores y mi madre en la siguiente dimensión, donde sé que ella es libre y feliz. La Inteligencia Infinita guía mis estudios y me revela todo lo que necesito saber en todo momento. Me estimo y me valoro de una forma distinta, pues sé que mi Ser real es Dios. Siempre que tenga la tentación de criticar o condenarme, afirmaré inmediatamente: «Dios me ama y cuidad de mí. Soy Su hija».

Puso fielmente en práctica este proceso de afirmación, y me alegra decir que sus notas mejoraron rápidamente y que se graduó *cum laude*. Descubrió el Poder Infinito para la vida perfecta y empezó a liberarlo. Dejó de aceptar las sugestiones negativas de su padre y empezó a exaltar a Dios en su seno.

CÓMO USAR EL PODER INFINITO PARA HACER REALIDAD TUS SUEÑOS

Si practicas los principios del Poder Infinito para la vida perfecta tal y como se detalla y se revela en las páginas siguientes, verás producirse cambios maravillosos y fantásticos en tu vida. Tus sueños, aspiraciones, ideas y metas en la vida son pensamientos, ideas e imágenes mentales en tu mente. Debes darte cuenta de que la idea o deseo en tu mente es tan real como tu mano o tu corazón. Tiene forma y sustancia en otra dimensión de la mente. Cada capítulo de esta parte del libro te enseñará a aceptar tu deseo, sentir su realidad y saber que el Poder Infinito que hay en ti lo hará realidad según el orden Divino. El Poder Infinito que te da el deseo también te revelará el plan perfecto para que se cumpla. Lo único que tienes que hacer es aceptarlo y creer en él para que la Inteligencia Infinita que hay en ti lo hará realidad.

CÓMO TU VIDA PUEDE CONVERTIRSE
EN UNA EMOCIONANTE AVENTURA

El poder milagroso del Infinito existía antes de que tú y yo naciéramos, y antes de que existiera cualquier religión o incluso el propio mundo. Las grandes verdades y principios eternos de la vida que te bendicen, sanan, inspiran y elevan anteceden a todas las religiones. Estás a punto de emprender un viaje hacia los rincones más profundos de tu propia mente, donde descubrirás cómo funciona y conocerás este poder maravilloso, mágico, sanador y transformador que seca todas las lágrimas. Comprobarás cómo venda las heridas de quienes tienen el corazón roto, proclama la libertad de la mente atemorizada y enferma y te libera completamente de las cadenas autoimpuestas de la pobreza, el fracaso, la enfermedad, la frustración y las limitaciones de todo tipo.

Lo único que tienes que hacer es seguir los métodos sencillos pero científicos que se detallan en los próximos capítulos y después *unirte* mental y emocionalmente con las cosas buenas que deseas experimentar. El Poder Infinito te guiará entonces hacia el cumplimiento del deseo de tu corazón.

Este viaje mental y espiritual en que te estás embarcando será el *capítulo* más maravilloso de tu vida, una experiencia sanadora y reveladora. Será emocionante, alegre y satisfactorio. Empieza ahora, hoy. ¡Permite que ocurran maravillas y milagros en tu vida! Persiste hasta que amanezca y desaparezcan las sombras.

Capítulo 2

ESTABLECE UN PATRÓN PARA UNA VIDA MÁS RICA

NACISTE PARA GANAR E IMPONERTE sobre todos los obstáculos de la vida. Dios mora en ti; camina y habla en ti. Dios es el Principio Vital en ti. Eres un canalizador de lo Divino, y estás aquí para reproducir todas las cualidades atributos, potencialidades y aspectos de Dios en la pantalla del espacio. ¡Así de importante y maravilloso eres!

Para ganar e imponerte en el juego de la vida, únete al Poder Cósmico que hay en ti, y a medida que te alinees en pensamiento y en sentimiento con este Poder Infinito, verás cómo el Poder Cósmico actúa en tu nombre y te permite alcanzar la victoria y una vida triunfal.

CÓMO UNA NUEVA IMAGEN MENTAL PRODUJO ALTOS DIVIDENDOS

«Llevo trabajando diez años en la misma empresa y nunca me han ascendido ni me han subido el sueldo. Debe de ser culpa mía», se quejó amargamente un hombre en su primera consulta conmigo. Mientras hablaba con aquel hombre, al que llamaremos John, descubrí que su vida se guiaba por un patrón subconsciente de fracaso.

John tenía la costumbre de menospreciarse continuamente, y se decía cosas como: «No valgo para nada, siempre me ignoran, voy a perder mi trabajo, me persigue una maldición». Estaba lleno de autocondenación y autocrítica. Yo le expliqué que estos eran dos de los venenos mentales más destructivos, y que a la larga lo privarían de vitalidad, entusiasmo, energía, buen juicio y, en última instancia, lo dejarían física y mentalmente hecho polvo. Además, le hice ver que afirmaciones como: «No valgo para nada, siempre me ignoran», eran órdenes que le enviaba a su mente subconsciente, y que esta se las tomaba literalmente y producía bloqueos, retrasos, carencias, limitaciones e impedimentos de todo tipo en su vida. El subconsciente es como la tierra, que acepta todo tipo de semillas, tanto buenas como malas, y les aporta nutrientes para su desarrollo.

John halló la causa de su fracaso dentro de sí mismo

John me preguntó: «¿Esa es la razón por la que me ignoran en las reuniones de trabajo?». Le respondí que sí, y que ello se debía a que se había fabricado una imagen mental de rechazo y esperaba ser menospreciado e ignorado por los demás. Se estaba negando a sí mismo el bien. John demostraba una verdad bíblica ancestral: «Porque el temor que me espantaba me ha venido» (Job 3:25).

Cómo puso en práctica una técnica realista para el éxito

Así es como John se libró de los patrones del rechazo a sí mismo, el fracaso y la frustración. Le sugerí que meditara sobre esta gran verdad:

«... pero una cosa hago: olvidando ciertamente lo que queda atrás, y extendiéndome a lo que está delante, prosigo a la meta, al premio del supremo llamamiento de Dios...».
(FILIPENSES 3:13-14)

Me preguntó: «¿Cómo puedo olvidarme del menosprecio, las heridas y los rechazos? Es muy difícil». Puede lograrse, pero, tal y como le expliqué, debía decidirse definitivamente a dejar atrás el pasado y contemplar el éxito, la victoria, los logros y los ascensos futuros armado de una determinación positiva. El subconsciente sabe cuándo nos estamos tomando en serio lo que decimos y nos lo recordará automáticamente cuando nos mostremos propensos a menospreciarnos; este recordatorio nos permitirá revertir de inmediato el pensamiento negativo y afirmar lo bueno aquí y ahora.

John empezó a comprender la falacia y la mezquindad que suponía cargar con la decepción y los fracasos del pasado. Es como ir cargando con una pesada barra de hierro sobre los hombros todo el día, con el consiguiente agotamiento y fatiga. Empezó a cambiar de actitud; cuando le venía a la cabeza un pensamiento autocrítico o autocondenatorio, lo revertía afirmando: «El éxito es mío, la armonía es mía y el ascenso mío». Pasado un tiempo, el patrón negativo fue sustituido por un tipo de pensamiento constructivo.

Cómo John tomó el control de su mente
subconsciente para alcanzar el éxito

Le ofrecí la siguiente técnica sencilla para grabar imágenes positivas en su mente subconsciente. John debía empezar a practicar el arte de imaginar a su mujer felicitándolo por su ascenso y abrazándolo con alegría y entusiasmo. Logró convertirlo en una imagen mental muy vívida y real al detener su atención, relajar su cuerpo y centrarse a nivel mental en su mujer. Conversaba en su cabeza con ella y le decía:

> Cariño, hoy he conseguido un gran ascenso, el jefe me ha felicitado ¡y me ha dado un incremento de sueldo de 5000 dólares anuales! ¿No es maravilloso?

Después, imaginaba la respuesta de ella, escuchaba el tono de su voz y observaba su sonrisa y sus gestos. En su mente, todo ello era real. Gradualmente, esta película mental pasó, por medio de una especial de ósmosis, de su mente consciente a la subconsciente. Varias semanas más tarde, John vino a verme y me dijo: «Tenía que decírselo. ¡Me han nombrado jefe de distrito! ¡La película mental ha funcionado!».

Tras aprender cómo funcionaba su mente, John empezó a darse cuenta de que su patrón de pensamiento habitual, sumado a su película mental, estaban empezando a penetrar en las capas de su mente subconsciente y que esta se estaba activando para atraer todo lo necesario para hacer realidad sus anhelados deseos. Como dice la Biblia:

> «… todo lo que pidiereis orando, creed que lo recibiréis, y os vendrá».
> (MARCOS 11:24)

Lo que esta cita te dice en un lenguaje sencillo es que cuando crees y vives en la alegre expectativa de lo mejor, recibirás el bien que buscas. John creyó firmemente que recibiría honores, reconocimiento, un ascenso y un aumento de sueldo. Le fue concedido según su creencia.

John es hoy un hombre nuevo y feliz. Es optimista y desprende entusiasmo. Hay un brillo en sus ojos y un tono emocional distinto en su voz que revelan confianza y seguridad.

CÓMO UNA IMAGEN MENTAL PRODUJO UN MILLÓN DE DÓLARES

Una vez mantuve una conversación en un hotel de Palm Springs con un hombre de San Pedro, California. Me contó que hasta los cuarenta años su vida había estado llena de decepción, fracaso, depresión y desilusión. Sin embargo, todo había cambiado después de asistir a una conferencia sobre «El milagro de la mente» realizada en San Pedro por el fallecimiento del doctor Harry Gaze, trotamundos y conferenciante.

El hombre me dijo que después de la conferencia empezó a creer en sí mismo y en sus poderes internos. Siempre había querido tener y dirigir un cine, pero había fracasado repetidamente en todos sus proyectos y no tenía dinero. Empezó con la siguiente afirmación: «Sé que puedo tener éxito, y tendré y dirigiré un cine».

Me contó que hoy posee un patrimonio de 5 millones de dólares y que es dueño de dos cines. Logró triunfar a pesar de haberlo tenido casi todo aparentemente en su contra. Su mente subconsciente sabía que era sincero y que deseaba tener éxito. Ella conoce nuestras motivaciones internas y nuestras verdaderas convicciones. La Biblia dice: «Determinarás asimismo una cosa, y te será firme…» (Job 22:28).

La fórmula del éxito de aquel hombre fue la imagen mental que llevaba consigo, a la que le fue siempre fiel, y su mente subconsciente le reveló todo lo necesario para el cumplimiento de su sueño.

CÓMO UNA ACTRIZ VENCIÓ AL FRACASO

Una vez vino a verme una joven actriz que se lamentaba amargamente de su miedo escénico durante las audiciones y pruebas de cámara. Me dijo que eran ya tres veces en las que no había dado la talla, y sus quejas se convirtieron en un largo lamento.

Advertí rápidamente que su verdadero problema era que había creado una imagen mental de pánico ante la cámara y que, al igual que Job, se estaba condenando a sí misma al fracaso: «Porque el temor que me espantaba me ha venido» (Job 3:25).

Cómo ganó en confianza y aplomo

Le enseñé a aquella joven actriz cómo funcionaban su mente consciente y subconsciente, y empezó a darse cuenta de que, si ponía su atención en pensamientos constructivos, atraería de inmediato hacia ella los beneficios de los pensamientos en los que se concentrara. Concibió un plan para dirigir sus pensamientos con el conocimiento de que existe una ley de la mente que responde a lo que nosotros mismos decretamos que somos, siempre y cuando creamos, por supuesto, que lo que hemos decretado es cierto. Por ejemplo, cuanto más frecuentemente afirmemos «Tengo miedo», más miedo generaremos. En cambio, cuanto más frecuentemente afirmemos «Estoy lleno de fe y confianza», más confianza y seguridad desarrollaremos.

Le sugerí a la actriz que escribiera a máquina las siguientes afirmaciones en una tarjeta:

Estoy llena de paz, aplomo, estabilidad y equilibrio.
No temo ningún mal porque Dios está conmigo.
Estoy siempre serena, tranquila, relajada y en calma.
Reboso fe y confianza en el único poder que existe: Dios.
He nacido para ganar, tener éxito y triunfar.
Tengo éxito en todos mis proyectos.
Soy una actriz maravillosa y de gran éxito.
Soy cariñosa, armoniosa y pacífica y me siento unida a Dios.

La actriz empezó a llevar consigo esta tarjeta. Durante sus viajes en tren o en avión y durante sus frecuentes descansos a lo largo del día, se concentraba en estas verdades. Tres o cuatro días después, las memorizó. A medida que repetía las verdades, estas empezaron a penetrar en su mente subconsciente y descubrió que aquellas afirmaciones llenas de maravillosas vibraciones espirituales neutralizaban los patrones nocivos de su subconsciente basados en el miedo, la duda y la incapacidad. Obtuvo equilibrio, serenidad, calma y confianza en sí misma. Había descubierto el Poder Cósmico para llevar una vida perfecta.

Cómo su «película mental» obró un milagro

Empezó a poner en práctica la siguiente técnica durante cinco o seis minutos todos los días por la mañana, por la tarde y por la noche:

Relajaba el cuerpo, se sentaba en silencio en una silla y empezaba a imaginar que estaba delante de la cámara: equilibrada, serena, calmada y relajada. Se visualizó disfrutando de un éxito total e imaginó comentarios de felicitación de su agente y del autor. Interpretó el papel como una buena actriz e hizo que su imagen mental fuera tan real como vivaz. Comprendió que el Poder Cósmico que impulsa el mundo también se movía por la imagen mental que había creado, incitándola a ofrecer actuaciones maravillosas.

Unas semanas después, su agente le consiguió otra audición, y la idea del éxito la llenó de tal entusiasmo y emoción que ofreció una actuación extraordinaria. Un éxito siguió a otro, y emprendió el camino para convertirse en una gran estrella.

ERES UNA PERSONA RICA Y EXITOSA POR CÓMO ERES POR DENTRO

Una vez mantuve una interesante conversación en un popular hotel en la isla de Hawái con un hombre que me relató la fascinante historia de su juventud. Había nacido en Londres, y, cuando era muy joven, su madre le dijo que había nacido pobre, mientras que su primo pertenecía a una familia rica que disponía de una gran fortuna, pues esa era la forma que tenía Dios de igualar las cosas. El hombre me dijo que más tarde descubrió que lo que su madre había querido decir era que en una vida anterior él había sido muy rico, y que, para hacer justicia, Dios lo había enviado de vuelta a la Tierra en el seno de una familia pobre.

«Aquello me pareció una auténtica bobada —me dijo el hombre—. Además, comprendí que la Ley Cósmica no discrimina; que Dios da *en función de las creencias de cada uno* y que una persona puede ser multimillonaria y poseer millones de libras esterlinas y, al mismo tiempo, ser una persona muy iluminada y espiritual. Algunas personas pobres, en cambio, eran de lo más malévolas, egoístas, envidiosas y codiciosas».

En su juventud, aquel hombre vendió periódicos en Londres y limpió ventanas; fue al colegio por las noches y trabajó mientras estudiaba en la universidad; ahora es uno de los cirujanos más destacados de Inglaterra. Su lema en la vida es: «Ve hacia donde te muestre tu visión». Su visión era convertirse en cirujano, y su mente subconsciente respondió siguiendo la imagen mental alojada en su mente consciente.

El padre de su primo había sido multimillonario y le había ofrecido a su hijo todo lo imaginable: tutores privados, viajes a Europa y cinco años en la Universidad de Oxford. Le pagó criados, automóviles y todos sus gastos. ¡El primo resultó ser un fracaso! Le habían consentido demasiado y no tenía confianza en sí mismo. No tenía incentivos ni obstáculos que superar. Se convirtió en un alcohólico y fracasó completamente en el arte de vivir.

¿Cuál era el rico y cuál era el pobre? El cirujano había superado obstáculos, y me confesó que estaba agradecido por haber seguido el camino difícil. «La justicia es mental; si una persona está de acuerdo con vivir con un penique al día, eso es lo que recibirá». Aquel hombre descubrió que la riqueza, el éxito, los logros y la prosperidad son una cuestión mental, pues lo que un hombre siembre en su mente subconsciente será lo que cosechará.

La oportunidad de tu vida va siempre contigo

Recientemente, un hombre me dijo: «No he tenido oportunidades en la vida. Mi familia era pobre y nunca teníamos suficiente que comer. Los padres de mis compañeros de clase tenían casas preciosas, piscinas privadas, coches y dinero de sobra. ¡La vida es muy injusta!».

Yo le expliqué a aquel hombre que las adversidades de la pobreza pueden servir a menudo como un impulso para alcanzar las mayores cotas de éxito. Una casa preciosa, una piscina, riqueza, prestigio, éxito, un coche de lujo: todas estas cosas son ideas que nacen en la mente de un hombre, que forma una unidad con la Mente Infinita de Dios.

El secreto de Helen Keller para recibir lo bueno en su vida

Le expliqué a ese hombre que la manera de pensar de muchas personas resulta totalmente ilógica, irracional y de los más acientífica. Por ejemplo, afirman que el nacimiento de Helen Keller fue una injusticia porque nació ciega y sorda. Sin embargo, empezó a usar las riquezas de la mente y sus ojos azules pudieron «ver» (mejor que la mayoría de la gente, probablemente) todo el esplendor de la ópera; de manera parecida, sus oídos sordos fueron capaces de «escuchar» los *crescendo*, los *diminuendo* y la música orquestal a todo volumen. Advertía perfectamente las notas claras de la soprano lírica y captaba el tono emocional de la representación.

Helen Keller trajo grandes bienes al mundo. A través de la meditación y la oración, despertó su ojo interno e inspiró a infinidad de personas sordas y ciegas. Fue una fuente de fe, confianza, alegría y aliento espiritual para miles de individuos en todo el mundo, con y sin discapacidad. Ciertamente, logró mucho más que otras personas que ven y oyen perfectamente. No tuvo mala suerte ni fue discriminada al nacer; no existen los excesivamente desfavorecidos ni los excesivamente privilegiados.

La llave mágica del éxito

A aquel hombre lo conmovió profundamente la historia de Helen Keller, y redacté para él un plan Cósmico hacia el éxito, que consistía en afirmar lo siguiente:

Estoy en el lugar que me corresponde en la vida, haciendo lo que me encanta hacer, y soy Divinamente feliz. Tengo un hogar precioso, una mujer cariñosa y maravillosa y un coche nuevo. Ofrezco mis talentos al mundo de manera maravillosa, y Dios me revela mejores formas de servir a la humanidad. Acepto de manera definitiva y positiva el hecho de que una nueva y maravillosa oportunidad se presenta ante mí. Sé que me guío de manera Divina en todos los sentidos para alcanzar mi máxima expresión. Creo en la abundancia y la seguridad y las acepto. Creo que se me presentan ahora oportunidades magníficas y maravillosas. Creo que estoy prosperando más de lo que jamás hubiera soñado.

Escribió a máquina estas afirmaciones en una tarjeta y empezó a llevarla siempre consigo, repitiendo estas verdades de manera regular y sistemática tres veces al día durante quince minutos. Cuando el miedo o la ansiedad acosaban su mente, sacaba la tarjeta y repetía estas verdades, consciente de que los pensamientos negativos quedan siempre anulados y disipados por los pensamientos constructivos más elevados.

El poder de la creencia en la acción

El hombre comprendió que las ideas se trasladan al subconsciente por medio de la repetición, la creencia y la expectación. Se dio cuenta de que el poder milagroso de su mente subconsciente se ponía a trabajar sobre aquello que había quedado impreso en ella, dado que está en su naturaleza responder según nuestro pensamiento habitual.

Tres meses más tarde, todas las cosas sobre las que aquel hombre meditó se hicieron realidad. Ahora está casado y posee una casa preciosa, tiene su propio negocio —que su mujer le compró— hace lo que más le gusta y es Divinamente feliz. Es concejal en el ayuntamiento y ofrece sus servicios a los Boy Scouts y otras organizaciones valiosas. Aquel hombre poseía la oportunidad de su vida, ¡y tú también!

CÓMO UN COMERCIAL SE LABRÓ SU ASCENSO

Una vez vino a verme un comercial farmacéutico que llevaba ocho años sin ser ascendido; en cambio, otros compañeros aparentemente menos cualificados que él habían escalado en la jerarquía de la empresa. Su problema era que sufría un complejo de rechazo hacia sí mismo.

Le recomendé que fuera amable consigo mismo y se gustara más a sí mismo, porque el Yo es Dios. Le expliqué que él era el hogar donde vivía Dios y que debía mostrar un respeto sano, reverencial y honesto hacia la Divinidad que lo había creado, le había dado la vida y le había equipado con todos los poderes de la Divinidad. Eso le permitiría superar cualquier obstáculo, alcanzar la abundancia y la perfecta expresión y adquirir la capacidad de llevar una vida plena y feliz.

El comercial se dio cuenta rápidamente de que podía empezar a pensar de manera constructiva empleando la misma energía que hasta entonces había dedicado a pensamientos destructivos. Dejó de darse razones que explicaran su fracaso y empezó a pensar en cómo podía lograr el éxito. Lo hizo recurriendo a la siguiente fórmula mental y espiritual:

A partir de este momento, me valoro de manera distinta. Soy consciente de mi auténtico valor. Voy a dejar de rechazarme y no volveré a menospreciarme jamás. Cuando la autocrítica me aceche, afirmaré inmediatamente: «Exalto a Dios, que habita en mí». Respeto y honro mi Ser, que es Dios. Muestro un respeto sano, honesto y reverente hacia el Poder Infinito en mi interior, que es Infinitamente Sabio y Omnisciente; es el Ser Inmortal y la Presencia y Poder Autorrenovadores. De día y de noche progreso, avanzo y crezco espiritual, mental y económicamente.

El comercial se reservó tres momentos cada día para identificarse con estas verdades, saturando de manera gradual su mente de seguridad, equilibrio y estabilidad, además de interiorizar sus verdaderos valores. En consecuencia, aproximadamente dos meses después se convirtió en el director regional de ventas. Más tarde me escribió: «Estoy ascendiendo gracias a usted».

La técnica del espejo mágico

Además del ejercicio mental y espiritual ya citado, y con el objetivo de que percibiera su verdadero valor e importancia como ser humano portador de extraordinarios talentos y habilidades latentes, le recomendé que practicara también el ancestral tratamiento del espejo. He aquí cómo la puso en práctica en sus propias palabras:

Todas las mañanas después de afeitarme, me miraba al espejo y me decía a mí mismo con seguridad, emoción y conocimiento: «Tom, eres absolutamente extraordinario, tienes un éxito enorme, estás lleno de fe y confianza y eres inmensamente rico. Eres cariñoso y armonioso y estás inspirado». Estoy unido a Dios, y la unión con Dios forma una mayoría. Pongo esto en práctica todas las mañanas. Estoy asombrado ante los muchos y maravillosos cambios que han tenido lugar en mi trabajo, finanzas, círculo de amigos y vida familiar. Han pasado dos meses desde que usted me recomendó estas dos técnicas de oración, y me han ascendido a director regional de ventas.

Aquel comercial se identificó con las verdades que afirmaba y creó una imagen nueva de sí mismo, logrando saturar su mente de aplomo, equilibrio, estabilidad, prosperidad y confianza. Creyó implícitamente en la respuesta que su mente subconsciente daría a su actividad consciente y descubrió la majestuosa verdad psicológica contenida en la Biblia: «Si puedes creer, al que cree todo le es posible» (Marcos 9:23).

CÓMO UN JEFE DE PERSONAL CAMBIÓ SU PERSPECTIVA

Durante una entrevista, un jefe de personal me contó que todos los hombres y mujeres de su oficina creían que era demasiado mandón, crítico y pesimista; había continuos cambios de personal y el director general se había quejado del número de dimisiones que se producían.

Le expliqué que un uso excesivo de autoridad es una muestra de inseguridad; quien la ejerce está tratando de sentirse independiente. Una persona puede tener una mente tranquila y ordenada y no dar nunca órdenes a los demás de manera arrogante y, a la vez, ser completamente independiente; en cambio, las personas ruidosas y gritonas carecen de sinceridad y equilibrio interno.

Siguiendo mis sugerencias, aquel jefe de personal empezó a elogiar a algunos de los empleados por hacer bien su trabajo y descubrió que normalmente estos le correspondían con una respuesta amable, ya que al elogiarlos estaba aumentando su autoestima. Abandonó sus críticas constantes y sus quejas, que quebraban la armonía de la oficina, y dejó de menospreciarse a sí mismo, auténtica fuente de todos sus problemas.

Una técnica secreta para mejorar la personalidad y obtener éxito

Para erradicar su pesimismo, empezó a combinar la práctica de la respiración profunda con una afirmación específica. Al inspirar, afirmaba en su mente: «Soy»; al exhalar, afirmaba: «feliz». Con la práctica, fue capaz de aguantar la respiración cada vez más tiempo entre inspiración y exhalación. Puso en práctica su respiración profunda cincuenta y cien veces hasta que halló una respuesta subconsciente interna. Ahora afirma que logra sus mejores resultados pensando «Soy feliz» mientras inspira y exhala. Ha demostrado el valor psicológico y la sensación de bienestar que proporciona la respiración profunda, que favorece, además, la inscripción de ideas constructivas en la mente subconsciente.

Además, puso en práctica la siguiente prescripción mental y espiritual varias veces al día, afirmando:

A partir de este momento dejo de recriminarme por completo. Sé que nada es perfecto en este universo, y comprendo que todos mis empleados y socios no pueden ser perfectos en todos los sentidos. Me regocijo con su confianza, fe, cooperación y entrega al trabajo bien hecho. Me identifico siempre con cada una de las cualidades positivas de mis socios.

Muestro seguridad en mí mismo cuando desempeño tareas que conozco bien, y gano confianza a diario en otras direcciones. Sé que la seguridad y la independencia son hábitos, y puedo desarrollar el maravilloso hábito de la independencia del mismo modo que recientemente dejé de fumar. Reemplazo la timidez con seguridad, fe y confianza en un Poder Todopoderoso que responde a mi pensamiento habitual. Hablo con amabilidad a todos mis empleados. Saludo su Divinidad interna, y repito constantemente: «Puedo hacer todas las cosas a través del Poder Divino que me fortalece». Cuando los pensamientos de autocrítica me acechan, los reemplazo de inmediato con esta verdad: «Exalto a Dios, que habita en mí».

Aquel jefe de personal convirtió la afirmación de estas verdades en una hábito, que repetía unas seis veces de manera lenta, tranquila y amorosa. Lo hacía tres veces al día, consciente de lo que hacía y por qué. Estaba desarrollando un hábito nuevo y constructivo para desplazar al viejo. Al cabo de seis semanas, era un hombre nuevo, lleno de serenidad y seguridad en sí mismo. Fue nombrado vicepresidente de la compañía, con un sueldo anual de 10 000 dólares.

La Biblia acierta cuando dice: «... transformaos por medio de la renovación de vuestro entendimiento...» (Romanos 12:2).

Capítulo 3

IMPÓN PODER Y CONTROL
SOBRE TU VIDA

RECIBO CARTAS CONSTANTEMENTE de todos los rincones del país y de muchos países distintos, y encuentro que la mayoría de quienes las escriben sufren grandes altibajos en lo que respecta a su suerte y fortuna. Muchos dicen cosas como: «Me va bien durante varios meses, tanto en términos de salud como en lo financiero, y de repente me encuentro ingresado en el hospital después de un accidente o experimento grandes pérdidas económicas». Otros me dicen: «A veces estoy feliz, alegre, vital y lleno de entusiasmo, y de pronto me inunda una ola de depresión. No lo entiendo».

Acabo de entrevistar a un ejecutivo que hace unos meses alcanzó lo que me describió como la cima del éxito, hasta que, según sus propias palabras, «se me cayó el mundo encima». Perdió su casa, su mujer lo abandonó y sufrió unas enormes pérdidas en el mercado de valores. Me preguntó: «¿Por qué llegué tan alto y caí tan de repente? ¿Qué estoy haciendo mal? ¿Cómo puedo controlar estos altibajos?».

CÓMO ESTE ATAREADO EJECUTIVO APRENDIÓ A CONTROLAR SU VIDA

Este ejecutivo quería huir de estos bandazos de la fortuna y llevar una vida equilibrada. Le expliqué que podía dirigir su vida de la misma manera que conduce su coche cuando va a trabajar por las mañanas: los semáforos en verde te indican que sigas la marcha —puedes levantar el pie del freno y pisar el acelerador—, y detienes en los semáforos en rojo; siguiendo las normas de tráfico, llegas a tu destino según al orden Divino.

Le ofrecí una fórmula espiritual. Consistía en la afirmación de una serie de verdades que debía decir antes de montarse en el coche por las mañanas, después de comer y antes de irse a dormir:

> Sé que puedo dirigir mis pensamientos y mis imágenes mentales. Tengo el control y puedo ordenar a mis pensamientos que presten atención a lo que deseo. Sé que hay un Poder Divino en mí, que ahora resucito y que responde a mi llamada mental. Mi mente es la Mente de Dios, y reflejo siempre la sabiduría Divina y la inteligencia Divina. Mi cerebro simboliza mi capacidad de pensar sabia y espiritualmente. Me mantengo siempre estable, equilibrado, sereno y calmado. Las ideas de Dios gobiernan mi mente y poseen un control absoluto; mi estado de ánimo, mi salud y mi riqueza ya no sufren violentos altibajos. Mis pensamientos y mis palabras son siempre constructivos y creativos. Cuando rezo, mis palabras están llenas de vida, amor y emoción; esto hace que mis afirmaciones, pensamientos y palabras sean creativos. La Inteligencia Divina opera a través de mí y me revela lo que necesito saber, y estoy en paz.

El ejecutivo convirtió la recitación de esta afirmación en un hábito que empezó a repetir regular y sistemáticamente. Poco a poco, fue reacondicionando su mente y redirigiéndola hacia la armonía, la salud, la serenidad y el equilibrio. Ya no sufre los cambios de fortuna de los que me habló, y lleva una vida estable, equilibrada y creativa.

La Biblia dice: «Tú guardarás en completa paz a aquel cuyo pensamiento en ti persevera; porque en ti ha confiado» (Isaías 26:3).

CÓMO UNA PROFESORA SUPERÓ SU FRUSTRACIÓN

Lo primero que me dijo una profesora que se entrevistó conmigo fue: «Estoy estancada. Me siento frustrada; he fracasado en el amor. Estoy enferma mental y físicamente. Me siento culpable e intelectualmente incompetente. ¡Henry David Thoreau tenía razón cuando dijo que la masa de los hombres lleva vidas de callada desesperación!».

Aquella joven profesora era muy inteligente, culta e intelectualmente competente, pero se menospreciaba a base de autocondenación y autocríticas. Estos son venenos mentales que nos restan vitalidad, entusiasmo y energía y nos dejan hechos polvo física y mentalmente.

Le expliqué a la profesora que todos sufrimos altibajos, depresiones, dolor y enfermedad hasta que decidimos controlar nuestras vidas y pensar de manera constructiva. De lo contrario, quedamos a merced de la mente de la masa, que cree en la enfermedad, los accidentes, las desgracias y las tragedias. Además, sentiremos que estamos atados a nuestras condiciones y nuestro entorno y que somos víctimas de la educación y el adoctrinamiento que recibimos a una edad temprana.

La magia de abandonar hábitos
de pensamiento frustrantes

Nuestro estado mental, así como nuestras creencias, convicciones y condicionantes, controlan y determinan nuestro futuro. Le expliqué a la profesora que su situación se debía tan solo a la fuerza y la autoridad de miles de pensamientos, imágenes y sentimientos que había ido adquiriendo y repitiendo consciente e inconscientemente a lo largo de los años.

«Además —añadí—, me has dicho que has viajado por todo el mundo, pero que nunca has viajado a tu interior. Eres como el ascensorista que dice: "Subo y bajo todo el día, pero no voy a ningún sitio en la vida". Estás repitiendo los mismos viejos patrones de pensamiento y deseo ocioso: las mismas operaciones rutinarias, a las que se suman la agitación, la confusión y las quejas mentales hacia tus superiores, tus alumnos y la junta».

Cómo viajar mental y espiritualmente
para autorrenovarse

La joven decidió cambiar de forma radical, huir de su vieja rutina y empezar a disfrutar de la belleza, las satisfacciones y las glorias de la vida. Afirmó las siguientes verdades varias veces al día, sabiendo que aquello que aceptaba conscientemente hallaría la manera de acceder a su mente subconsciente, y que por medio de la repetición lograría reacondicionar su mente y dirigirla hacia el éxito, la felicidad y la alegría de la vida que merecía. Empezó a tomar la siguiente medicina espiritual a través de los ojos y los oídos varias veces al día:

Voy a viajar mental y espiritualmente a mi interior y a descubrir el tesoro de la eternidad que habita en mis profundidades. Voy a romper con mis viejas rutinas de manera clara y definitiva. Voy a ir al trabajo siguiendo una ruta distinta cada mañana y volveré a casa por otra diferente. Dejaré de pensar en función de los titulares de los periódicos y de prestar atención al cotilleo y los pensamientos negativos sobre la escasez, la limitación, la enfermedad, la guerra y el crimen. Sé que todo lo que hago y experimento en la vida responde a mi pensamiento, tanto consciente como inconsciente. Comprendo que si no pienso por mí misma, la mente de la masa influirá sobre mi mente subconsciente y pensará por mí, lo cual es casi siempre negativo y destructivo.

Está teniendo lugar una revolución en mi mente, y sé que su renovación transforma mi vida. Cesaré inmediatamente toda queja y lucha mental, porque sé que esta actitud magnifica todos mis problemas. Ahora afirmo y me regocijo en el hecho de que soy una expresión de Dios y que mi Dios me necesita donde estoy; de no ser así, no estaría aquí. Dios está activo en mi vida, me trae armonía y serenidad.

Este proceso de afirmación repetitivo obró milagros para aquella profesora universitaria. Prendió la luz verde del pensamiento constructivo y confiado y asumió que todas estas semillas mentales sembradas en el subconsciente germinarían según su género. De este modo, el amor llegó a su vida; ¡se casó con el presidente de la universidad! Ha ascendido profesionalmente y ha disfrutado de experiencias espirituales interiores, descubriendo que poseía un gran talento para la pintura, lo cual le he proporcionado una alegría ilimitada. Está liberando ahora un esplendor interior que estaba aprisionado. Sin duda, ¡la afirmación te cambia la vida!

CÓMO UN EMPRESARIO RECONSTRUYÓ EXITOSAMENTE SU NEGOCIO

Un día un farmacéutico me confesó:

—¡Estoy hundido! ¿Cómo puedo salir de esto? Unos ladrones han robado miles de dólares en mercancía y efectivo de mi tienda, y el seguro solo cubre una pequeña parte de las pérdidas. He perdido una pequeña fortuna en la bolsa. ¿Cómo esperas que tenga pensamientos constructivos sobre eso?

—Bueno —le respondí—, puedes decidir lo que quieras sobre cualquier cosa. Lo que has perdido no tiene nada que ver con lo que decidas pensar sobre ello. Lo importante no es lo que la vida te hace, sino cómo reaccionas a ello.

Le indiqué a aquel farmacéutico que los ladrones y las pérdidas en bolsa no podían robarle sus noches y sus días, su salud, el sol, la luna o las estrellas, llamados el alimento del alma.

También apunté: «Eres mental y espiritualmente rico. Tienes una mujer cariñosa, amble y comprensiva, y dos hijos maravillosos que estudian en la universidad. Nadie puede robarte tu conocimiento de farmacia, *materia medica*, y química farmacéutica, ni tu experiencia y sagacidad empresarial; todo esto son riquezas de la mente.

»Los ladrones no te han robado tu conocimiento de la ley de tu mente subconsciente ni del hecho de que el Espíritu Infinito vive en ti. Es insensato detenerse en lo negativo. ¡Canta a la belleza de lo bueno! Es hora de que avives el don de Dios que hay en ti y avances hacia la luz. Sintoniza con la Presencia y el Poder universales que te devolverán con creces todas las riquezas de la vida».

La ley cósmica de acción y reacción y cómo usarla

«Ya sabes que no puedes ganar ni perder nada si no es por medio de tu mente; por lo tanto, no admitirás la pérdida, sino que te identificarás mental y emocionalmente con los treinta mil dólares que has perdido, y aquello que afirmes y sientas mentalmente como verdadero, tu subconsciente lo honrará, validará y manifestará por ti. Esta es la ley de acción y reacción, que es cósmica y universal».

Siguiendo mi consejo, afirmó lo siguiente:

Estoy permanentemente en guardia contra el pensamiento negativo, y lo expulso de mi mente siempre que logra entrar. Tengo fe en el Poder y la Presencia Infinitos, que siempre trabajan en favor del bien. Deposito mi fe en la bondad y orientación del Dios Infinito. Abro mi mente y mi corazón al influjo del Espíritu Divino, y descubro una sensación incesantemente creciente de poder, sabiduría y comprensión.

Me identifico a nivel mental y emocional con los treinta mil dólares, y sé que no puedo perder nada si no acepto la pérdida; lo cual me niego a aceptar de manera clara, rotunda y absoluta. Sé cómo funciona mi subconsciente. Siempre magnifica lo que deposito en él; por lo tanto, el dinero regresa a mí apretado, sacudido y desbordante.

Sé que no volveré a sufrir los vaivenes de la vida, sino que llevaré una existencia dinámica, creativa, equilibrada y con sentido. Sé que la afirmación es la contemplación de las verdades de Dios desde el punto de vista más elevado. Sé que los pensamientos e ideas sobre las que medito de manera habitual se vuelven dominantes en mi mente, y que dirigen, gobiernan y controlan todas mis experiencias. La Presencia Omnipresente de Dios vela por mi familia, mi negocio y todas mis inversiones, y la armadura de Dios me rodea, recoge y envuelve. Llevo una vida venturosa. Sé que la vigilancia eterna es el precio de la paz, la armonía, el éxito y la prosperidad. Con la mirada fija en Dios, no hay mal que pueda obstaculizar mi camino.

El farmacéutico convirtió la repetición y afirmación de estas verdades eternas en un hábito. Pasadas unas semanas, su corredor de bolsa lo llamó y le informó con alegría de que había recuperado todas sus pérdidas gracias a un repunte en el mercado de valores. Además, recibió una maravillosa oferta para una parcela de tierra que había tenido en su poder durante diez años; la había comprado por cinco mil dólares y la vendió por sesenta mil.

Este hombre ha descubierto el maravilloso funcionamiento de su mente y comprende que no tiene por qué sufrir los altibajos de la vida.

LA MENTE DE LA MASA Y CÓMO SUPERAR SUS EFECTOS NEGATIVOS

La expresión «mente de la masa» se refiere sencillamente a la mente que opera en los miles de millones de personas que habitan este mundo. Todo pensamiento accede a una única mente universal, y no es difícil imaginar el tipo de imágenes, emociones, creencias, supersticiones y pensamientos feos y negativos que quedan grabados en ella.

También es verdad que hay millones de personas en todo el mundo que vuelcan sobre la mente de la masa —a veces llamada conciencia universal— pensamientos de amor, fe, confianza, alegría, buena voluntad y éxito, además de sentimientos de triunfo, realización y victoria sobre los problemas y una emanación de paz y buena voluntad para todos. Sin embargo, estos constituyen una vasta minoría, y el rasgo dominante de la mente de la masa es la negatividad.

La mente de la masa cree en los accidentes, la enfermedad, la desgracia, las guerras, los crímenes, los desastres y las catástrofes de todo tipo. La mente de la masa está llena de miedo, y los hijos del miedo son el odio, la mala voluntad, el resentimiento, la hostilidad, la ira y la enfermedad.

Por lo tanto, cualquier persona que esté dispuesta a pensar un poco se dará cuenta rápidamente que deberá enfrentarse a obstáculos y desafíos de todo tipo hasta que aprenda a controlar de manera científica el poder de la mente, y que además deberá mantenerse en guardia. Todos podemos caer presa de la influencia de la mente de la masa, el hechizo de la negatividad, el influjo y el poder de la propaganda y las opiniones de los demás. Mientras nos neguemos a pensar de manera intencionada, experimentaremos los violentos vaivenes de la fortuna y la desgracia, del sufrimiento y el bienestar, de la riqueza y la pobreza. Si nos negamos a pensar por nosotros mismos desde el lugar de las verdades y los principios eternos de Dios, seremos uno más de la masa y conoceremos inevitablemente los extremos negativos de la vida.

CÓMO NEUTRALIZAR LAS INFLUENCIAS NEGATIVAS DE LA MENTE DE LA MASA

Toma el control total de tu mente por medio del pensamiento y la imaginación constructivos, y así neutralizarás la sugestión negativa de la mente de la masa que ataca constantemente las mentes de todos nosotros. Puedes elevarte sobre la mente de la masa negativa. La Biblia dice: «Y yo, si fuere levantado de la tierra, a todos atraeré a mí mismo» (Juan

12:32), es decir, que, si elevas tu mente identificándote con los principios de la armonía, la salud, la paz, la alegría, la plenitud y la perfección, *y lo conviertes en un hábito*, atraerás a tu vida y tu experiencia esas cualidades y atributos de Dios por medio de la ley de la atracción.

Lo que sigue es una excelente afirmación que te permitirá elevarte sobre la mente de la masa y ganar inmunidad frente a las falsas creencias y miedos de la humanidad.

> Dios es, y su Presencia fluye a través de mí en forma de armonía, salud, paz, alegría, plenitud, belleza y perfección. Dios piensa, habla y actúa a través de mí. Soy conducido Divinamente en todos los sentidos. La acción Divina me gobierna. La ley y orden Divinos gobiernan mi vida entera. Estoy siempre rodeado del círculo sagrado del amor eterno de Dios, y la luz sanadora de Dios me envuelve y me acoge. Cuando mis pensamientos vagan hacia el miedo, la duda o la preocupación, sé que es la mente de la masa quien actúa en mí. Afirmo de manera inmediata y decidida: «Mis pensamientos son los pensamientos de Dios, y el poder de Dios está con mis pensamientos del bien».

Sigue identificándote con esta afirmación y a meditar sobre ella y te elevarás sobre la discordia, la confusión y los extremos y tragedias de la vida. Dejarás de experimentar los altibajos y disfrutarás de una vida constructiva, vital y activa llena de creatividad y el ritmo de la vida.

CÓMO SINTONIZAR CON EL INFINITO

Hace unos meses, una mujer de Carolina del Norte me escribió diciéndome que el mundo se va a pique, que nuestros principios morales están en decadencia, que la corrupción es endémica y que la violencia adolescente, el crimen y el escándalo son noticia todos los días. Después añadió: «Puede que seamos aniquilados cualquier día por una bomba atómica. ¿Cómo podemos contactar con lo Divino en medio de toda esta degeneración, pornografía y desigualdad?».

Le respondí más o menos de esta manera, y reconocí que lo que decía era verdad, pero que la Biblia afirma: «Salid de en medio de ellos, y apartaos» (2 Corintios 6:17). Le dije que debía tener la habilidad y capacidad de elevarse sobre el mundo de la negación para llevar una vida plena y feliz *en el lugar* donde estaba. Le indiqué que lo único que tenía que hacer era mirar a su alrededor y vería a miles de personas felices, vitales, alegres y libres llevando vidas constructivas y contribuyendo a la humanidad de infinitas maneras.

Hemos sido testigos de los extremos del periodo victoriano, con todos sus tabúes y restricciones sexuales. Aquellas represiones llevaron a la gente al extremo opuesto, y es lo que observamos hoy en aquellos lugares del mundo donde predominan la inmoralidad y la obscenidad.

La naturaleza opera por extremos. La historia es testigo de las fábricas donde las personas —incluidos niños— trabajaban en condiciones indescriptibles y sufrían de salarios, hogares y una alimentación inadecuados; en realidad, era una especie de servidumbre. Ahora sucede lo contrario en Inglaterra, Estados Unidos y otros países, donde algunos sindicatos se han vuelto tan exigentes que han destruido los propios negocios que emplean a sus afiliados.

La afirmación que cambió una vida
y puede cambiar la tuya

La antigua sabiduría hebrea establece: «El cambio eterno está en la raíz de todas las cosas». Debes hallar un ancla en tu interior a la que aferrarte y hacer un ajuste Divino. Contacta con el Poder Infinito que habita en ti y deja que esta Presencia te guíe, dirija y gobierne en todo momento. Puedes entronizar la sabiduría Divina en tu mente consciente afirmando que unge tu intelecto y que es una lámpara a tus pies y una luz en tu sendero. He aquí la afirmación que le ofrecí a la mujer atribulada de Carolina del Norte:

> Comprendo que no puedo cambiar el mundo, pero sé que puedo cambiar yo. El mundo es una agregación de individuos, y sé que las personas gobernadas por la mente de la masa, la propaganda y el mundo de los cinco sentidos estarán sometidos a tragedias, penas, accidentes, enfermedades y fracasos en sus vidas mientras no aprendan a controlar sus mentes con ideas Divinas que sanen, bendigan, inspiren, eleven y dignifiquen sus almas. Me doy cuenta de que la gente en masa está sometida a los vaivenes de la mente de la masa, llena de errores, falsas creencias y negaciones de todo tipo.
>
> A partir de este momento, no seguiré luchando contra los condicionantes ni las situaciones, y dejaré de rebelarme ante las noticias de subversión, inmoralidad y corrupción en las altas esferas. Escribo cartas constructivas a congresistas, senadores, productores de cine y a los periódicos, y rezo por que haya actuación correcta, belleza, armonía y paz para todo el mundo. Estoy en sintonía con lo Infinito, y la ley y el orden Divinos gobiernan mi vida. Recibo orientación e inspiración Divinas. El amor Divino llena mi alma, y olas de luz, amor, verdad y belleza avanzan como una poderosa ola de

vibración espiritual que ayuda a elevar a los hombres, pues se dice: «Y yo, si fuere levantado de la tierra, a todos atraeré a mí mismo» (Juan 12:32).

Un feliz resultado de esta afirmación

Aquella joven me llamó por teléfono recientemente y me dijo: «Su carta ha sido la mayor revelación que he leído nunca. ¡Estoy flotando en una nube! Ahora sé que el cambio debe empezar por mí y mis pensamientos. Al haber entrado en sintonía con el Infinito, ¡estoy en sintonía con la Presencia de Dios que reside en los corazones de todas las personas del mundo!».

La Biblia dice: «Mucha paz tienen los que aman tu ley, y no hay para ellos tropiezo» (Salmo 119:165).

Capítulo 4

LIBERA EL PODER INFINITO PARA BENEFICIAR CADA FASE DE TU VIDA

EN UNA DE MIS GIRAS DANDO CONFERENCIAS, me dirigí a un grupo de personas en las montañas de Colorado. Más tarde, mientras conversábamos durante la comida, mi anfitrión dijo que la mayoría de la gente se preocupa demasiado y se priva de una vida plena y feliz.

Me habló de un anciano que había vivido en una cabaña situada en unas montañas cercanas. Los vecinos se compadecían de él porque siempre parecía cansado, deprimido, preocupado y necesitado de compañía. Vestía ropa harapienta y poseía un coche muy antiguo. Parecía no tener nada por lo que vivir, y aparentemente no tenía familia ni amigos. De vez en cuando visitaba la tienda de comestibles y pedía siempre pan duro y la comida más barata. Normalmente pagaba con monedas pequeñas.

Tras pasarse dos semanas sin aparecer, los vecinos acudieron a su cabaña y descubrieron que había muerto. El jefe de policía registró la cabaña en busca de nombres de familiares o de alguna pista para esclarecer su identidad. Para asombro de todos, descubrieron que el pobre anciano tenía más de 100 000 dólares en montones de 25. Era evidente que había ganado mucho dinero en el pasado y que nunca lo había invertido ni lo había depositado en un banco.

Había amasado una considerable cantidad de dinero, pero no lo había usado para llevar una vida rica ni lo había destinado a fines altruistas. Tampoco lo había invertido sabiamente para obtener intereses y dividendos. Mi anfitrión me dijo que aquel hombre estaba dominado por el miedo. Le había preocupado que la gente supiera de su dinero y tratara de robárselo. Había sido un pensador muy negativo, a pesar de haber poseído una fortuna con la que haber podido disfrutar de la buena vida. Podía haber obtenido mucho disfrute y alegría.

TIENES UNA FORTUNA QUE COMPARTIR

El tesoro del infinito habita en ti. Posees la llave para abrir la cámara de todo tipo de tesoros. La llave es tu pensamiento, que te ofrecerá una riqueza mayor de la que poseía aquel anciano solitario y temeroso… ¡y muchas otras cosas!

Posees la llave que da acceso al poder más maravilloso del mundo: el poder del Infinito que habita en ti. La Biblia dice: «Helo aquí, o helo allí; porque he aquí el reino de Dios entre vosotros» (Lucas 17:21). Busca el conocimiento y la conciencia de esta Presencia y Poder Divinos, y todo lo que desees te será concedido.

Recuerda que *tus* poderes son los poderes de la Divinidad, que la persona media suele desaprovechar por ignorancia. Posees una fortuna que puedes compartir avivando el don de Dios que habita en ti. Puedes compartir los dones del amor y la buena voluntad con los demás; puedes compartir una sonrisa y un saludo alegre; puedes elogiar y felicitar a tus compañeros de trabajo y empleados; puedes compartir ideas creativas y el amor de Dios con todos los que te rodean.

Eres capaz de descubrir la inteligencia y la sabiduría de Dios en tus hijos e hijas y reclamarlas con conocimiento y emoción. Lo que afirmes y sientas resucitará en sus vidas. Puede que tengas una idea que valga una fortuna, y podrás compartirla con el mundo: una canción, un invento, una obra de teatro, un libro o una idea creativa y expansiva para tu negocio o profesión que te bendecirá a ti y a los demás.

Recuerda que la única oportunidad de la que dispones es la que tú mismo te fabricas. ¡Tienes la oportunidad de tu vida! Empieza a contactar con la reserva infinita que reside en ti y comprobarás que avanzas y asciendes hacia Dios.

PUEDES ALCANZAR LA ALTURA DE TUS DESEOS

Hace algunos años, durante una conferencia, la señora Vera Radcliffe, la organista de nuestra iglesia en Los Ángeles, me contó la dramática historia de los obstáculos y las tribulaciones a los que tuvo que enfrentarse Paderewski antes de convertirse en un pianista de fama mundial. Los compositores y autoridades musicales más célebres de su tiempo le habían dicho que no tenía ningún futuro como pianista y que debía olvidarse de ello. Los profesores del Conservatorio de Varsovia, donde estudiaba, hicieron todo lo posible por desanimarlo. Le dijeron que sus dedos no estaban bien formados y que sería preferible que intentara dedicarse a la composición.

Paderewski rechazó todos aquellos mensajes negativos y se identificó con sus poderes internos; comprendió subjetivamente que poseía una fortuna que compartir con todo el mundo; en concreto, la melodía de Dios y la música de las esferas.

Practicó de manera ardua y diligente todos los días durante horas. En miles de conciertos, el dolor lo torturaba y, según me contó la señora Radcliffe, en ocasiones podía verse sangre brotar de sus manos heridas. Perseveró, sin embargo, y su tesón dio fabulosos resultados. Los poderes internos respondieron a su llamada y a sus esfuerzos. *Sabía que la clave de su triunfo residía en contactar con el Poder Divino en su interior.*

Con el paso del tiempo, el genio musical de Ignacy Paderewski fue reconocido en todo el mundo, y personas de toda clase y condición rindieron homenaje a aquel hombre que palpó e intuyó su unidad con el Gran Músico interior, el Arquitecto Supremo del propio universo.

El secreto del éxito de Paderewski

Al igual que Paderewski, tú también tienes el poder de rechazar directamente las sugerencias negativas de las autoridades que afirman que no puedes ser lo que quieres ser ni tener lo que deseas. Comprende, como Paderewski, que la Presencia Divina que te dio tu deseo y tu talento es el mismo Poder que te abrirá la puerta y te revelará el plan perfecto para la realización de tu sueño.

Confía en el Poder Divino en tu interior y descubrirás que esta presencia y poder internos te elevarán, sanarán, inspirarán y colocarán en la senda hacia la felicidad, la serenidad y la realización de tus ideales.

CÓMO SOBRELLEVAR LA APARENTE INJUSTICIA DEL MUNDO

Durante una visita a Hawái, un ejecutivo me dijo: «No hay justicia en el mundo. Todo es muy injusto. Las empresas son desalmadas; no tienen corazón. Trabajo duro y hago muchas horas extra, pero ascienden a los que están por debajo de mí y a mí me ignoran. Es todo muy injusto».

Mi explicación sirvió para curar la ira de aquel hombre. Le reconocí que existe injusticia en el mundo y que, tal como dijo Robert Burns, «la inhumanidad del hombre hacia el hombre hace llorar a miles». También le dije, sin embargo, que la ley de la mente subconsciente es impersonal y eminentemente justa en todo momento.

Tu mente subconsciente acepta la impronta de tu pensamiento y actúa en consecuencia. Es la disposición de las velas, no el viento, lo que determina tu trayectoria. Son tu pensamiento, emoción e imaginario internos —en otras palabras, tu actitud mental—, más que los vientos de los pensamientos negativos y las olas de miedo externos, los que marcan la diferencia entre la promoción y el éxito y el fracaso y la pérdida. La ley es justa y matemáticamente precisa, y tus experiencias son la reproducción exacta de tu pensamiento e imaginario habituales.

Le conté brevemente al joven ejecutivo la conocida historia de los jornaleros de los viñedos que recibían un penique. Incluso quienes empezaban a trabajar en la undécima hora de la jornada recibían el mismo salario que aquellos que llevaban todo el día trabajando; lo mismo que quienes se incorporaban en la tercera, sexta o novena hora. Cuando los que llevaban todo el día trabajando comprobaron que quienes solo lo habían hecho durante una hora recibían el mismo salario que ellos, se volvieron celosos e iracundos, pero la respuesta que recibieron fue: «¿Acaso no aceptaste trabajar por esa paga?» (Mateo 20:13).

Esta ley se refleja a la perfección en Mateo 18:19: «Si dos de ustedes en la tierra se ponen de acuerdo sobre cualquier cosa que pidan, les será concedida por mi Padre que está en el cielo». Esto significa que, cuando tu mente consciente y subconsciente se ponen de acuerdo acerca de un ascenso, la abundancia y la actuación correcta, la ley de tu mente subconsciente la honrará, ejecutará y hará realidad en tu experiencia.

Añadí: «Estás resentido, enfadado y lleno de reproches y críticas hacia la organización que te da trabajo. Estas sugestiones negativas han accedido a tu subconsciente y han desembocado en la falta de ascensos, aumentos de sueldo y prestigio».

Un programa y fórmula específicos de uso diario

Le ofrecí la siguiente fórmula mental y espiritual para que la practicara a diario:

> Sé que las leyes de mi mente son justas por completo y que lo que grabe en mi mente subconsciente se reproducirá de manera precisa y matemática en mi mundo físico y mis circunstancias. Sé que estoy empleando un principio mental, y los principios son absolutamente impersonales. Soy igual ante las leyes de la mente, lo que significa que recibo en función de mis creencias. Sé que justicia quiere decir ecuanimidad, legitimidad e imparcialidad, y sé que mi subconsciente es impersonal e imparcial.
>
> Comprendo que he sentido ira, resentimiento y envidia, y también que me he menospreciado, criticado y condenado. Me he acosado, atacado y torturado físicamente, y sé que la ley dicta que «como es adentro, es afuera»; por lo tanto, mi jefe y mis socios atestiguan y confirman de forma objetiva lo que yo he pensado y sentido a nivel subjetivo.

Aquello que acepte por completo en mi mente se verá reflejado en mi experiencia, independientemente de las condiciones, las circunstancias o los poderes fácticos. Les deseo éxito, prosperidad y promoción a todos mis socios, y ofrezco buena voluntad y bendiciones a todas las personas en todo el mundo. La promoción es mía; el éxito es mío; la actuación correcta es mía; la riqueza es mía. Cuando afirmo estas verdades, sé que se depositan en mi mente subconsciente —el medio creativo— y que se producen maravillas en mi vida.

Cada noche de mi vida, antes de irme a dormir, imagino a mi mujer felicitándome por mi maravilloso ascenso. Siento la realidad de todo esto, mental y emocionalmente. Tengo los ojos cerrados, me siento somnoliento y adopto un estado mental pasivo y receptivo, pero escucho las palabras de felicitación, siento su abrazo y veo sus gestos. Toda la película mental es vívida y realista, y me voy a dormir con este estado de ánimo, consciente de que «Dios lo da a sus amados mientras duermen» (Salmo 127:2).

Aquel ejecutivo descubrió que la ley de su mente impartía justicia (la conformidad con los principios de su mente). Al entronizar los pensamientos, el imaginario y la emoción adecuados en su mente subconsciente, esta actuó en consecuencia y se produjo una mejora de sus circunstancias externas. Las leyes de tu mente son las mismas hoy, ayer y siempre. Unos meses después de empezar aquel proceso de afirmación, el ejecutivo fue nombrado presidente de su empresa por votación y está prosperando más de lo que jamás había soñado.

CÓMO UNA MUJER COMPARTIÓ SU FORTUNA Y SE HIZO MÁS RICA

Hace unos años, tuve una serie de interesantes conversaciones con una mujer canadiense. Me contó que consideraba que el dinero y la riqueza eran igual que el aire que respiraba. Se sentía libre como el viento. Desde niña, aquella mujer afirmaba: «Soy rica; soy hija de Dios; Dios me concedió todas las cosas en abundancia para disfrutarlas». Esta era su afirmación diaria.

Ha amasado millones de dólares y ha hecho donaciones a escuelas y universidades, ha financiado becas para estudiantes brillantes y ha fundado hospitales y centros para la formación de enfermeros en lugares remotos del mundo. Su alegría consiste en repartir de manera sabia, juiciosa y constructiva, y con ello se ha vuelto más rica que antes.

Por qué los ricos se hacen más ricos y los pobres se hacen más pobres

Aquella mujer me dijo un día: «El viejo aforismo es totalmente cierto: "Los ricos se hacen más ricos y los pobres se hacen más pobres". Para aquellos que viven en la conciencia de la afluencia y la abundancia, la riqueza fluye según la ley de la atracción cósmica. Aquellos que esperan pobreza, privación y carencias de todo tipo viven en la conciencia de la pobreza y, siguiendo la ley de su propia mente, atraen más carencias, desgracias y privaciones de todo tipo».

Lo que dijo sin duda es verdad. Muchas personas que viven en la pobreza sienten envidia y resentimiento hacia la riqueza de sus vecinos; esta actitud mental produce todavía más carencias, limitaciones y pobreza en sus vidas. De manera probablemente inconsciente, bloquean lo bueno en su vida.

Sin embargo, también ellas poseen una fortuna que podrían compartir si abrieran su mente a la verdad del ser y comprendieran que ellas también poseen la llave con la que abrir la cámara del tesoro o la mina de oro que hay en su interior.

Cada persona posee una fortuna que compartir, como revela el siguiente apartado.

Su fortuna estaba donde él estaba, pero era incapaz de verlo

Un amigo mío que vivió en el norte de Alaska durante un tiempo me escribió y me dijo que la vida era insoportable. Sentía que había cometido un terrible error al irse a Alaska en busca de fortuna, que su matrimonio era un fracaso absoluto, que los precios eran exorbitados y que abundaban las trampas y los sobrecostes. Cuando fue al juzgado para disolver su matrimonio, obtuvo un trato injusto por parte de un juez corrupto. Concluyó diciendo que no existía justicia en este mundo.

No le faltaba razón. No hay más que leer el periódico para encontrar historias de asesinatos, crímenes, hurtos, atracos, violaciones, abusos de poder, corrupción y venalidad en los banquillos y las cámaras legislativas; pero debemos recordar que todas estas cosas son obra de los hombres, de modo que «Salid de en medio de ellos, y apartaos» (2 Corintios 6:17).

Puedes elevarte sobre la mente de la masa, la crueldad humana y la avaricia alineándote con el principio de la actuación correcta y la justicia absoluta que habitan en ti. Dios representa la justicia definitiva, la armonía absoluta, la dicha total, el amor infinito, la alegría plena, el orden completo, la belleza indescriptible, la sabiduría eterna y el poder supremo.

Todos ellos son atributos, cualidades y potencias de Dios. Cuando meditas sobre estas cualidades y contemplas las verdades de Dios, te elevas sobre la injusticia y las crueldades del mundo y desarrollas una convicción con la que contrarrestar todas sus creencias falsas y conceptos erróneos.

En otras palabras, desarrollas una inmunidad Divina —una suerte de anticuerpo espiritual— frente a la mente de la masa.

Esta explicación fue un preludio a la respuesta directa que le di a mi amigo. Le escribí sugiriéndole que se quedara donde estaba, pues sospechaba que deseaba huir de sus responsabilidades y tan solo estaba buscando una salida. Escribí una afirmación breve, que dice lo siguiente:

> Allí donde yo estoy, está Dios. Dios habita en mí y me necesita donde estoy ahora. Esta Presencia Divina en mi interior es infinitamente inteligente y sabia y me muestra el siguiente paso, ofreciéndome los tesoros de la vida. Doy gracias por la respuesta, que acude a mí como una intuición o una idea que brota espontáneamente de mi mente.

Mi amigo siguió mi consejo y al final se reconcilió con su esposa. Se compró una cámara e hizo fotos del norte de Canadá y de Alaska, escribió relatos cortos y amasó lo que él consideraba una pequeña fortuna. Pasado un año, me envió dos mil dólares como regalo de Navidad, sugiriéndome que me tomara unas vacaciones en Europa, cosa que hice.

Aquel hombre había encontrado la felicidad contactando con el tesoro en su interior, y descubrió que su fortuna estaba exactamente donde él se encontraba.

Cómo un profesor descubrió una fortuna

Hablé hace poco con un profesor universitario que estaba muy enfadado por el hecho de que su hermano camionero ganara quince mil dólares al año, y él solamente ocho mil. Me dijo: «Es todo muy injusto. Hay que cambiar el sistema. Trabajé y me esforcé mucho durante diez años para obtener mi doctorado, ¡y mi hermano ni siquiera terminó el instituto!».

Este profesor era brillante en su campo, pero desconocía las leyes de la mente. Le dije que una camarera que trabaja en mi restaurante favorito gana más de trescientos dólares a la semana en propinas y le señalé que aquellas disparidades de las que hablaba estaban por todas partes.

Le expliqué que era capaz de elevarse sobre la mente de la masa, a veces llamada conciencia universal o ley de los promedios: la mente de los cinco sentidos, la mente que piensa desde las circunstancias, los condicionamientos y las tradiciones.

Siguiendo mis recomendaciones, empezó a poner en práctica el *tratamiento del espejo* cada mañana, que consiste en ponerse delante del espejo y afirmar: «La riqueza es mía. El éxito es mío. El ascenso es mío ahora». Siguió pronunciando estas afirmaciones durante unos cinco minutos cada mañana, consciente de que aquellas ideas impregnarían su mente subconsciente.

Progresivamente, empezó a sentir lo que hubiera sentido si todas aquellas condiciones fueran verdades, y al cabo de un mes recibió una oferta de otra universidad ofreciéndole trece mil dólares al año. De pronto descubrió un talento para la escritura y su manuscrito ha sido aceptado por una gran editorial que le reportará unas importantes ganancias.

El profesor descubrió que no era una víctima del «sistema» ni de los salarios estipulados por la universidad. Su fortuna yacía en el descubrimiento del poder oculto que habitaba en él.

CÓMO LA FE DE UNA SECRETARIA OBRÓ MARAVILLAS PARA ELLA

Una secretaria me dijo un día: «Nunca me surgen oportunidades. El jefe y las otras chicas de la oficina son malos y crueles conmigo. He recibido maltrato en casa y por parte de mis parientes durante toda mi vida. Debo de estar gafada. No valgo para nada. ¡Debería tirarme a un río!».

Le expliqué a aquella mujer que estaba siendo cruel consigo misma, y que su autoflagelación y autocompasión se expresaban y confirmaban en el plano externo de la vida. En otras palabras, las actitudes y acciones de las personas a su alrededor confirmaban y se adecuaban a su estado mental interno.

A partir de entonces dejó de castigarse a sí misma y descubrió que «la fe, si no tiene obras, es muerta en sí misma» (Santiago 2:17). ¿Qué es la fe? «La fe la certeza […] de lo que no se ve» (Hebreos 11:1). La fe es la imagen mental que con el tiempo se encarna. Cada imagen mental está destinada a obrarse a sí misma.

Siguiendo mi consejo, aquella secretaria imaginó que su jefe la felicitaba por un trabajo muy eficiente y anunciaba, además, que le aumentaba el sueldo. Empezó a irradiar amor y buena voluntad hacia su jefe y todos sus colegas.

Tras evocar su imagen mental muchas veces al día durante varias semanas, la secretaria se quedó totalmente anonadada cuando su jefe no solo la felicitó por su trabajo, ¡sino que le pidió que se casara con él! En unas horas, en cuanto termine este capítulo, tendré el placer de oficiar su boda.

Esta mujer ha encontrado la llave que abre la cámara del tesoro. Su fe demostró ser la sustancia de cosas deseadas y la evidencia de cosas no vistas.

Capítulo 5

PREVÉ EL FUTURO Y RECONOCE
LA VOZ DE LA INTUICIÓN

U NA DE LAS FACULTADES más desconcertantes de la mente humana es la de la premonición, o la habilidad de percibir acontecimientos antes de que ocurran en el plano objetivo o material de la vida. En ocasiones he podido vislumbrar acontecimientos que han tenido lugar días, semanas y a veces incluso meses más tarde.

Por ejemplo, en 1967 un sacerdote amigo mío me vino a visitar y me sugirió que organizáramos una gira de conferencias en Tierra Santa en el mes de mayo. Le dije que me lo pensaría y le daría una respuesta.

Le hablé a mi mente subconsciente aquella noche antes de irme a dormir y afirmé lo siguiente: «La Inteligencia Infinita que habita en mi mente subconsciente es Omnisciente y me revela la decisión que debo tomar sobre la propuesta de viaje a Israel, Jordania, etcétera».

Aquella misma noche tuve un sueño en el que vi titulares de *Los Angeles Times* y *Citizen News* que hablaban de guerra. También presencié una violenta batalla con tanques y aviones entre los israelíes y los árabes. Fui testigo de una vívida representación de cosas aún por venir, que se producirían cinco meses más tarde. Al despertar, llamé por teléfono a mi amigo y le conté lo que había soñado. Curiosamente, ¡me respondió que había tenido el mismo sueño! También él había solicitado orientación Divina.

Ambos abandonamos la idea de las conferencias en Tierra Santa, y los acontecimientos que tuvieron lugar más tarde —la tragedia de la guerra árabe-israelí— confirmó la veracidad de nuestra visión interior.

La Biblia dice: «Confía en Jehová [la Ley de tu mente subconsciente], y haz el bien; y habitarás en la tierra, y te apacentarás de la verdad» (Salmo 37:3).

TU FUTURO ESTÁ EN TU MENTE AHORA

Tu mente está llena de pensamientos, creencias, opiniones, convicciones, impresiones y conceptos varios, tanto buenos como malos. La Ley Cósmica de la mente dicta que aquello que aceptemos y creamos mentalmente se manifestará y concretará en nuestras vidas.

Si fuera posible fotografiar de alguna manera el contenido de la mente subconsciente de tus amigos, podrías predecir su futuro con precisión y determinar lo que va a acontecerles a cada uno de ellos. El doctor Rhine de la Universidad de Duke ha dado amplias muestras de su percepción extrasensorial, tales como la clarividencia, la precognición, la clariaudiencia, la retrocognición y la telequinesis a través de un sinfín de experimentos, todos ellos documentados.

Una persona altamente intuitiva, un buen vidente o un médium clarividente sería capaz de percibir el contenido de tu subconsciente y ver con claridad (clarividencia) las experiencias y acontecimientos, tanto buenos como malos, que estás a punto de encontrarte en la pantalla del espacio. Esto se debe a que tus pensamientos, creencias, planes, propósitos y sus manifestaciones se completan en la mente, igual que la idea de un edificio nuevo en la mente de un arquitecto, y pueden ser vistos con precisión por un buen vidente.

Por desarrollar el asunto algo más, me gustaría decir que es posible que una persona intuitiva que adopte un estado mental pasivo y subjetivo será capaz de acceder al contenido de la mente subconsciente de otra persona y revelárselo a la mente consciente o ser despierto de esa persona. En otras palabras, cuando accede a un estado pasivo y como de trance, una persona sensible o altamente psíquica logra sintonizar con las decisiones, planes, ideas, miedos, fobias, fijaciones y estados deseables, así como la aceptación subjetiva del matrimonio, el divorcio, los proyectos empresariales, viajes y otra serie de impresiones de la otra persona.

El psíquico o médium que sintoniza con tus sentimientos, creencias e impresiones subjetivos traduce todo esto a su propia terminología y hace predicciones basadas en ello. A menudo, el psíquico o clarividente es extraordinariamente preciso; no siempre alcanza el cien por cien, pero muchas veces se acerca.

Debes recordar que lo que el médium ve o siente debe filtrarlo y teñirlo el contenido de su propia mentalidad, y es por ello que suena algo distinto en boca de cada médium o psíquico. Esta es la razón por la que a veces uno recibe distintas lecturas o interpretaciones de diferentes médiums.

CÓMO LA PRECOGNICIÓN SALVÓ UNA FORTUNA Y CREÓ UNA NUEVA

Soy amigo de un destacado profesional del sector inmobiliario que me dijo que todas las noches de su vida antes de acostarse medita sobre el Salmo 91 y reclama la Divina orientación, protección y actuación correcta en todas sus actividades. Una noche a principios de 1966, después de tener un vívido sueño profético en el que leyó los titulares de un periódico local anunciando un desplome en el mercado, sintió una intensa y sobrecogedora necesidad de vender todas sus acciones, en las que había invertido cuatrocientos mil dólares; me dijo que había escuchado algo así como una voz interior ordenándole que lo hiciera; y era una voz persistente.

Tuvo aquella intuición y vendió sus acciones al día siguiente antes del cierre del mercado. Un día más tarde se produjo una gran caída. Sus acciones no han recuperado aún su antiguo valor, y algunas han caído veinte y hasta treinta puntos. Pero logró salvar una gran cantidad de dinero. Desde entonces ha recomprado muchas de aquellas acciones a un precio mucho menor y ha amasado otra pequeña fortuna.

Lo que me dijo fue: «Salvé una fortuna e hice otra fortuna». Vio lo que iba a pasar antes de tiempo y escuchó la voz de su intuición. *Intuición* significa 'aprendido desde dentro'.

CÓMO LA INTUICIÓN DE UNA MADRE SALVÓ LA VIDA DE SU HIJO

Entrevisté una vez a una madre agitada y desolada cuyo hijo era piloto de la Fuerza Aérea en Vietnam. Llevaba tiempo teniendo un sueño recurrente que la afligía enormemente. En dicho sueño veía el avión de su hijo en llamas mientras él pedía ayuda a gritos; después veía cómo el avión se estrellaba en el mar. Me dijo que sabía que su hijo se había ahogado.

Llevaba despertando de ese tormento todas las mañanas durante una semana, y sus pensamientos durante la vigilia estaban llenos de miedo y presentimientos.

Le expliqué a aquella madre deshecha lo mejor que pude que sin duda se trataba de la premonición de una ca-

tástrofe y que, dado que estaba subconscientemente sintonizada con su hijo, estaba claro que había captado su miedo
inconsciente al peligro. Pero ella podía prevenirlo, ya que
evidentemente no había ocurrido aún porque no había recibido ningún comunicado oficial; además, el sueño era recurrente y presagiaba lo que aún estaba por venir. Le dije que
lo que debía hacer era armarse con el concepto más alto de
Dios y Su amor.

Empezó a pensar en Dios como el Principio Vital Infinito,
lleno de amor absoluto, sabiduría ilimitada, todopoderoso,
pleno de dicha, paz y una armonía y alegría absolutas. Siguiendo mi sugerencia, puso mentalmente a su hijo al cuidado amoroso de Dios, consciente de que su hijo habita en el
lugar secreto de lo Más Alto y mora bajo la sombra del Todopoderoso. También imaginó a su hijo en casa —feliz, alegre y
libre— y sintió cómo la abrazaba.

Aquella madre orientó y dirigió sus pensamientos durante todo el día para adherirlos a este patrón espiritual de la
afirmación. Reflexionó mentalmente sobre la luz, el amor, el
poder y la paz de Dios hasta que se volvió real para ella, y si-
tuó a su hijo en esa atmósfera espiritual.

A medida que perseveraba en esta forma de pensar, dejó
de tener la pesadilla al cabo de la quinta noche. Sus sentimientos hacia su hijo pasaron del miedo a la fe y la seguridad
de que estaba sano y salvo y vigilado por una Providencia
benigna.

Unas semanas más tarde, mientras preparaba la comida,
¡su hijo entró por la puerta y la abrazó! Había vuelto de
Vietnam y quiso sorprenderla. Le dijo: «Madre, ¡no sé cómo
estoy vivo! Mi avión se estrelló después de que lo dispararan,
pero no ardió. Salí ileso, y después pasó algo de lo más extraordinario: sabía que el avión estaba cayendo, pero no tuve

miedo. Escuché tu voz claramente diciéndome: "Dios cuida de ti", y supe que estaba a salvo».

La Biblia dice: «Pues a sus ángeles mandará acerca de ti, que te guarden en todos tus caminos» (Salmo 91:11).

Esta historia evidencia una cosa: la madre estaba telepáticamente sintonizada con su hijo, ya que en la mente no existen el tiempo ni el espacio, y a través de la afirmación liberó a su mente del miedo, envolviendo a su hijo con el amor, la luz, la armonía y la paz de Dios. Aquello abrió el camino para que una Providencia orientadora salvara a su hijo de una muerte que de otra forma hubiera sido segura. Su fe y confianza le fueron comunicadas a su hijo, y este experimentó la alegría de la plegaria atendida.

CÓMO EL SUEÑO DE UN PADRE CON LA MUERTE DE SU HIJO EVITÓ UNA TRAGEDIA

Esto es lo que una persona de Nueva York me escribió en una carta:

Estimado señor Murphy: Es imposible decirle lo agradecido que estoy. Me ha impresionado profundamente la lectura de *The Amazing Laws of Cosmic Mind Power* [*Las leyes asombrosas del poder cósmico de la mente*]. He aprendido a afirmar científicamente estudiando cada capítulo. ¡Ha sido una revelación!

Uno de mis hijos estaba transportando mercancías entre Nueva York y Chicago. Hace unas semanas, soñé que su camión subía una colina mientras él parecía estar dormido. A la derecha había una montaña alta y al otro lado, un barranco profundo. De repente, el camión chocó con el monte y volcó.

En mi estado de ensoñación dije: «Dios lo vigila. Dios cuida de él y Dios lo ama».

Entonces desperté y el cuerpo entero me temblaba por temor a una catástrofe. Abrí la Biblia y leí en alto el Salmo 91, el gran Salmo de la protección, en segunda persona y recé por mi chico durante una media hora: «Morarás bajo la sombra del Omnipotente», etcétera. Poco a poco, me fue invadiendo una sensación de paz.

Más tarde esa misma semana, cuando mi hijo regresó a casa, me contó que se había quedado dormido mientras conducía y que el camión había volcado. Se encontró bajo el camión, entre las ruedas, saliendo milagrosamente con vida y sin un rasguño. Me dijo: «¡Tu oración me salvó la vida, papá!».

CÓMO AYUDAR A PREVENIR TRAGEDIAS
Y LOS REVESES DE LA FORTUNA

Las afirmaciones cambian las cosas; hay miles de biografías que lo atestiguan. Con afirmaciones me refiero a la contemplación de las verdades de Dios vistas desde el lugar más elevado. Si piensas de manera constructiva basándote en principios universales, puedes cambiar todos los patrones negativos de tu mente y llevar una vida venturosa a partir de ese momento. En otras palabras, al llenar tu mente de las verdades de Dios, neutralizarías, eliminarías y suprimirías todo lo que no se parece a Dios de tu mente. Evitarías todas las experiencias negativas, como accidentes y catástrofes de todo tipo. Tu huida de la mala fortuna coincidiría con tu capacidad de elevar tu conciencia. «Y yo, si fuere levantado de la tierra, a todos [manifestaciones y experiencias] atraeré a mí mismo» (Juan 12:32).

Al contemplar las verdades eternas y aquello que es verdad de Dios, te separas de la mente de la masa, o ley de los promedios, que domina a la humanidad.

Cuando accedas a la paz de Dios y dejes que Su paz fluya a través de ti como un río dorado de vida y amor, tocarás la Realidad, o a Dios, igual que aquel padre cuando rezó por su hijo.

«¿POR QUÉ SOLO SE CUMPLEN LAS PREDICCIONES NEGATIVAS SOBRE MI FUTURO?»

Esta fue la pregunta que me hizo llegar por carta una persona que vivía en Alaska.

Debes recordar que tu mente subconsciente es un almacén de la memoria y que muchas sugestiones, medias verdades y falsas creencias han sido aceptadas sin conocimiento de tu mente consciente. Muchas veces estas cosas se hacen realidad, pues aquello que queda grabado en tu mente subconsciente toma cuerpo en tu mundo antes o después, *a no ser que la afirmación lo cambie* a mejor.

En otras palabras, cualquier hombre que reciba una sugestión o predicción indeseable acerca de sí mismo podrá prevenirla reflexionando constructivamente sobre las verdades universales de Dios, tales como la armonía, la paz, el amor, la belleza, la actuación correcta Divina y el amor Divino. Al meditar sobre estos principios universales, se produce un *reajuste* de los *patrones en su subconsciente* para hacerlos coincidir con la configuración mental de sus pensamientos e imágenes mentales.

Es posible predecir con cierto grado de precisión lo que va a sucederle a una persona, un grupo, una nación o el mundo entero, pues la mayor parte de los seres humanos no cambian demasiado. Viven según sus mismas viejas creencias, tradiciones y preconcepciones y los mismos odios, prejuicios y miedos. Siguen más o menos un patrón fijado que pueden leer con facilidad aquellos que sintonizan intuitivamente con sus vibraciones mentales.

CÓMO LA INTUICIÓN RESOLVIÓ EL PROBLEMA DE UN MÉDICO

Un amigo médico se encontraba escribiendo un libro y necesitaba consultar información específica sobre medicina en la antigua Babilonia y el antiguo Egipto. Creía que esa información podría encontrarla en un museo de Nueva York, pero él vivía en Los Ángeles y no podía desplazarse hasta allí.

Le sugerí que serenara su mente, centrara su atención y justo antes de irse a dormir le dijera con autoridad a su mente profunda: «La Inteligencia Infinita que habita en mí conoce la respuesta y me da la información que necesito para mi libro».

Se quedó dormido pensando en la palabra *respuesta* y aquella misma noche tuvo un sueño en el que se le decía que visitara una librería de viejo en el centro de la ciudad. Al entrar en la librería, el primer libro que cogió le ofreció la información que necesitaba.

Recuerda que tu mente subconsciente está unida a la Inteligencia Infinita y la sabiduría sin fin, que es omnisciente y conoce la respuesta que necesitas. Puede que te responda en un sueño, en forma de intuición o como una sensación de que vas por el camino indicado. Puede que sientas la necesidad repentina de ir a determinado lugar, o quizá sea otra persona quien te dé la respuesta.

CÓMO LA CLARIAUDIENCIA SALVÓ UNA VIDA

Hace algún tiempo, hablé en un banquete, y un joven oficial que había regresado recientemente de Vietnam se sentó a mi lado y me contó una historia fascinante sobre la voz que le llegó «de ninguna parte».

Se encontraba conduciendo un todoterreno de camino a entregar un mensaje a su cuartel general. A su lado iba sentado un suboficial. Mientras avanzaban a toda velocidad, el oficial escuchó con claridad la voz de su madre diciéndole: «¡Para, John! ¡Para! ¡Para!». Detuvo el todoterreno de repente, y el suboficial le preguntó:

—¿Por qué has parado? ¿Qué pasa?

—¿No has escuchado una voz decir: «¡Para! ¡Para!»? —respondió el oficial.

Pero su compañero no había escuchado nada.

Bajaron del vehículo, y al inspeccionarlo descubrieron que una de las ruedas estaba suelta; de haber avanzado unos metros más, el vehículo habría caído por un barranco y ambos habrían quedado mutilados e irreconocibles.

La madre del oficial se encontraba en ese momento en San Francisco, y él me contó que ella rezaba por él por las noches, por las mañanas y durante el día. Siempre afirmaba: «El amor de Dios y la armadura entera de Dios envuelven a mi hijo en todo momento».

Aquel hombre se dio cuenta de que la voz que había escuchado era una advertencia de su propia mente subconsciente, que quiso protegerlo y que sin duda respondía enérgicamente a la afirmación de su madre.

En momentos de emergencia o peligro, tu mente subconsciente proyectará la voz de una persona a quien obedecerás de inmediato porque confías en ella y la quieres. Te hablará en una voz que tu mente *consciente* aceptará inmediatamente como verdadera. Por lo tanto, la voz no será la de alguien en quien no confíes o que te disguste.

CÓMO PROTEGERTE A TI Y A OTROS
DE ACONTECIMIENTOS INFELICES

A veces puede que tengas un sueño precognitivo acompañado de una profunda intuición sobre un peligro inminente para ti o un ser querido.

Si tu sueño presagia un acontecimiento infeliz o trágico que te afecta a ti o a personas cercanas, no lo desprecies como una simple invención de tu imaginación o una alucinación inofensiva.

Una afirmación protectora efectiva

Medita sobre la premonición o presentimiento de la siguiente manera; si tu afirmación va dirigida a otra persona, utiliza su nombre:

Soy consciente de que Dios es la única Presencia y Fuerza, y sé que la Presencia de Dios es amor, orden, belleza, paz, perfección y armonía. La paz interior de Dios fluye a través de mí ahora como un río. Advierto la dicha y orden perfectos que están siempre presentes. Estoy inmerso en la mente de Dios, y Dios me ve como una persona perfecta, entera y completa; estoy inmerso en la Sagrada Omnipresencia. La Presencia es amor, orden, belleza, paz, perfección y armonía y me envuelve, y debajo están los brazos inmortales.

Afirma las verdades de esta oración, e insiste hasta que la nube se disipe y la carga se libere. Alcanzarás la paz y tocarás la Realidad. Habrás entrado conscientemente en comunión con el Ser Más Alto, y entonces las fuerzas Divinas se apresurarán a ocuparse de tu alegría eterna.

«Todo lo que pidiereis orando, creed que lo recibiréis, y os vendrá» (Marcos 11:24).

Capítulo 6

ENCUENTRA RESPUESTAS EN LOS SUEÑOS Y EL SIGNIFICADO DE LAS EXPERIENCIAS EXTRACORPÓREAS

«Por sueño, en visión nocturna, cuando el sueño cae sobre los hombres, cuando se adormecen sobre el lecho, entonces revela al oído de los hombres, y les señala su consejo». (JOB 33:15-16)

«Pero, siendo avisados por revelación en sueños que no volviesen a Herodes, regresaron a su tierra por otro camino». (MATEO 2:12)

L A BIBLIA ESTÁ REPLETA de sueños, visiones, revelaciones y advertencias ocurridas durante el sueño. Mientras descansas, tu mente subconsciente está muy despierta y plenamente activa, ya que nunca duerme. Recordarás que José interpretó correctamente los sueños del faraón, que después se hicieron realidad. Su éxito a la hora de prever el futuro le trajo prestigio, honor y reconocimiento por parte del rey.

Cuando sueñas, tu mente consciente queda suspendida y dormida. Tu mente subconsciente suele hablar de manera simbólica, y es por ello que a lo largo de los siglos los hombres han recurrido a comentadores e intérpretes de sueños. Sin duda estarás familiarizado con el hecho de que muchos psicólogos, psiquiatras y psicoanalistas freudianos y jungianos, y psicoterapeutas eclécticos estudian los sueños en profundidad y tratan de interpretárselos a la mente consciente del paciente. A menudo las explicaciones de los sueños desembocan en la revelación de conflictos, fobias, fijaciones y otros complejos mentales.

Todos tus sueños son representaciones de tu subconsciente y en muchos casos te avisan de peligros inminentes. Algunos sueños son indudablemente precognitivos y pueden indagar con precisión en el futuro. En otros casos, los sueños pueden ser respuestas a tus oraciones. Todos los sueños negativos están sujetos al cambio, pero ninguno es fatalista.

En su carácter onírico, tu subconsciente te revela la naturaleza de las impresiones que han sido grabadas en él y te indica el curso que está tomando tu vida. Los análisis de los sueños muestran que los símbolos que aparecen en el subconsciente individual son personales y guardan una única relación con cada individuo; un mismo símbolo que aparece en otro sueño puede tener un significado muy distinto.

En otras palaras, tus sueños son personales y se refieren exclusivamente a ti, aunque puedan hablarte de tu relación con otra persona.

ANÁLISIS DE UN SUEÑO INTERESANTE

Hace unos meses vino a entrevistarse conmigo una estudiante de la universidad local que había leído mi libro *El poder de la mente subconsciente*. Durante nuestra conversación, me dijo: «He soñado durante tres noches consecutivas que acudía a un banquete en honor del gobernador Rockefeller de

Nueva York y que me sentaba a su lado como invitada de honor. ¿Qué significa?». Le expliqué que el sueño era suyo y que, a la hora de interpretarlo, debía revelar algo significativo para ella. Le pregunté cómo interpretaba ella la idea de asistir a un banquete con Rockefeller. Me respondió cómo interpretaba que simbolizaba riqueza, prestigio, honor y reconocimiento. Después añadí que bien podía ser que su subconsciente estuviera anunciándole algún tipo de honor y reconocimiento especial, y quizá también una lluvia de riqueza. La mujer parecía estar de acuerdo, y esa imagen parecía cobrar sentido para ella.

Dos semanas más tarde obtuvo una beca que le permitió estudiar en Francia. Además, su abuela falleció y le legó una suma de cincuenta mil dólares para su educación y uso personal. Por último, recibió una invitación para el banquete de toma de posesión del gobernador Reagan. Asistió y se lo pasó estupendamente.

Habrás notado que la mujer no se tomó el sueño literalmente. Tu facultad imaginativa disciplinada, que recibe el nombre de «José» en la Biblia, puede desvestir al sueño de su forma y ver la idea oculta detrás del símbolo.

CÓMO UN SUEÑO GUIO A UNA MUJER HASTA EL HOGAR QUE QUERÍA

Una mujer joven y casada que vivía en Beverly Hills tuvo un sueño recurrente durante seis noches consecutivas. En él, recorría la casa que deseaba comprar, conocía a sus inquilinos, acariciaba al perro y conversaba con su criada española en su propia lengua. Inspeccionó el garaje, la buhardilla y todas las habitaciones de la casa.

El domingo siguiente, después de misa, su marido y ella fueron a dar una vuelta en coche. Al atravesar el área de Brentwood, vio la casa con la que había soñado, y esta lucía un cartel que ponía: A LA VENTA, ABIERTA PARA VISITAS. Entraron en la casa, y tanto el dueño como su mujer, la criada y el perro se mostraron sorprendidos y asustados. El perro se puso a gruñir con los pelos de punta.

Al cabo de unos minutos, el dueño se disculpó y dijo: «Hemos visto a una mujer parecida a usted subir y bajar las escaleras varias veces, tanto de noche como por la mañana temprano. Nuestra criada estaba aterrorizada y el perro se puso a gruñir y a ladrar como si hubiera visto algo extraño».

La explicación de este sueño es sencilla

La mujer les explicó que había estado rezando para encontrar la casa perfecta y que cada noche le pedía a la Inteligencia Infinita de su mente subconsciente que la guiara hasta una casa espaciosa, encantadora, céntrica e ideal en todos los sentidos.

Sin duda, cuando se iba a dormir con la idea de una casa ocupando el lugar más destacado en su mente, le encomendaba a su subconsciente una misión que *debía* cumplir. Mientras soñaba, se encontraba de pronto fuera de su cuerpo físico, pero con una sensación extraña y atenuada de su propio ser que le permitía atravesar puertas cerradas y *comprimir* el tiempo y el espacio. Se encontró en aquella casa y se familiarizó con todas sus partes, así como con sus inquilinos. Les dijo que ella también se había quedado sorprendida al encontrarse con ellos, ya que los había visto varias veces durante el sueño.

Su viaje extrasensorial «real»

Aquella mujer proyectó su cuerpo astral y fue percibida como una aparición por los ocupantes de la casa que visitó. Aquella percepción era visual y auditiva, ya que ellos escucharon sus pasos y la vieron con claridad. La mujer percibió su propio cuerpo físico en la cama de su casa y supo que estaba viajando y actuando en su cuerpo de la cuarta dimensión. Estos cuerpos proyectados pueden ser interpretados como fantasmas o apariciones por personas muy sensibles, capaces de sintonizar con vibraciones más agudas o fenómenos psíquicos.

Aquella mujer y su marido compraron la casa, y el proceso de cambio de titularidad estuvo presidido por una atmósfera muy armoniosa.

CÓMO EL SUEÑO DEL AUTOR SE CONVIRTIÓ EN UNA EXPERIENCIA VÍVIDA

Una vez visité la Universidad Yoga Forest en Rishikesh situada al norte de Nueva Delhi, en la India, para dar una conferencia. Varias noches antes de montarme en el avión tuve unos sueños muy vívidos del lugar, en los que conocía a todos los profesores y estudiantes.

Al llegar descubrí que sabía moverme por el campus. Todas las residencias, salas de conferencias, profesores y alumnos me resultaban muy familiares. Le indiqué a uno de los asistentes cuál era la sala que me habían reservado y le describí su aspecto, así como el tipo de comida que me iba a servir. Incluso le informé de lo que estaba a punto de decirme, pues había escuchado antes su voz. Se quedó impresionado y me dijo: «Debes de ser clarividente y clariaudiente».

Le conté mi experiencia de la siguiente manera: al saber que iba a dar una charla en la Universidad Yoga Forest, mi cuerpo sutil, a veces denominado cuerpo astral (que tiene exactamente la misma forma que mi cuerpo físico, pero oscila y vibra a una frecuencia mucho mayor, si bien no deja de ser un «cuerpo») viajó hasta allí mientras dormía y convirtió mi sueño vívido en una experiencia consciente.

En otras palabras, viajé hasta allí en mi cuerpo astral, conversé de manera mental pero natural con muchas personas y escuché sus respuestas y sus voces. Además, en aquella clase de viaje astral psíquico maravilloso, contemplé la belleza del río Ganges, el Himalaya y el maravilloso campo.

«Lo he visto antes en un sueño»

Cuando me presenté al yogui Sivenanda, quien dirigía el ashram, exclamó: «¡Lo he visto a usted varias veces en mis sueños, y también he escuchado su voz!». Le expliqué que la experiencia era mutua, que yo había visualizado un viaje maravilloso y lo había grabado en mi mente subconsciente, «llevándomelo a dormir». Le conté, además, que también lo había conocido a él subjetivamente en un estado de ensoñación que se había hecho realidad, ya que, mientras mi cuerpo yacía dormido en Beverly Hills, California, en realidad me hallaba en un cuerpo nuevo visitando todos los rincones de su ashram y escuchando cada una de las voces. Al llegar de forma consciente y objetiva, experimenté todos los estados que de manera subjetiva había sentido durante mi viaje extrasensorial. En otras palabras, lo que veía y escuchaba objetivamente ya lo había visto y escuchado subjetivamente.

En sus sueños, el yogui Sivenanda me vio de forma clarividente, y al ser clariaudiente escuchó también mi voz, ya que uno puede pensar, hablar, actuar, viajar e incluso mover todo tipo de objetos estando fuera de su cuerpo. Puedes ver y ser visto, puedes comprender y ser comprendido, y puedes comunicar mensajes y contar todo lo que ves. Todas tus facultades, como la vista, el oído, el gusto, el olfato y el tacto, pueden duplicarse en la mente al margen de tus cinco sentidos. Esto demuestra de manera concluyente que puedes vivir fuera de tu cuerpo presente y que la Inteligencia Creativa que habita en ti previó que usaras estas facultades para trascender tu cuerpo tridimensional actual.

Cómo su sueño intentó proteger su salud

Un hombre con una salud aparentemente perfecta soñó en varias ocasiones que se sometía a una operación por una afección de la próstata. Me preguntó si creía que debía ir al médico a examinarse a pesar de no padecer ningún tipo de síntoma ni dolor. Había venido a verme a cuenta de un problema conyugal de carácter emocional. Yo le aclaré hasta cierto punto el funcionamiento de su mente subconsciente, es decir, que busca protegerlo a toda costa y que, sin duda, «su subconsciente le estaba anunciando la inminencia de algún tipo de lesión o disfunción orgánica». El subconsciente razona de manera deductiva partiendo de una base real, y a aquel hombre le ofreció una revelación en forma de sueño. Comprendió que su sueño era personal y que cualquier explicación o interpretación debía coincidir con su percepción intuitiva.

Le sugerí que fuera a ver a su médico de inmediato y que un urólogo le hiciera un examen exhaustivo. Sin embargo, pospuso la visita al médico, y al cabo de unos días desarrolló una constricción y obstrucción urinaria que le provocó un dolor insoportable. Fui a verlo al hospital poco después y me dijo: «Debí prestar más atención a mi sueño y haber actuado antes». En cualquier caso, me alegra decir que tuvo una recuperación estupenda, a medida que llenaba su mente subconsciente con pensamientos de plenitud, armonía, vitalidad y una salud perfecta.

Habrás deducido que su mente subconsciente le estaba animando a actuar, como si ya conociera la infección y crecimiento de su próstata. La idea premonitoria, el presentimiento de que iba a necesitar una operación, probablemente estaba provocada por una afección ya existente. Pero cometió un error al retrasar el examen médico.

Estas palabras de un antiguo proverbio son ciertas: «La noche [el sueño] trae consejo». Puedes desarrollar la clave de sus aplicaciones prácticas por medio de la atención psíquica.

LOS DISTINTOS TIPOS DE SUEÑOS

Existen distintos tipos de sueños, muchos de los cuales se deben a dolencias estomacales, inquietud mental y emocional, incomodidad corporal, impulsos sexuales reprimidos o anormales y diversos miedos y creencias supersticiosas. Sin embargo, también hay sueños en los que uno visualiza un acontecimiento futuro antes de que ocurra, sueños que dan una respuesta definitiva a nuestras oraciones. En un estado de ensoñación, a menudo recibimos instrucciones para actuar de una manera específica.

CÓMO UN SUEÑO ADVIRTIÓ A UNA MUJER A PUNTO DE CASARSE

Una joven me habló una vez de la extraordinaria respuesta que había obtenido en un sueño. Antes de irse a dormir, afirmó: «La Inteligencia Infinita en mi mente subconsciente me revela la respuesta respecto a mi futuro matrimonio con _____». Aquella noche tuvo un sueño bastante extraño en el que vio a su prometido vestido de preso detrás de unos barrotes y a un guardia frente a su celda sosteniendo una pistola. Apareció un hombre en el sueño y dijo: «¿No reconoces a este hombre?».

Despertó de pronto bastante inquieta, y supo intuitivamente, gracias a su sueño, que el hombre que aparecía en él era su prometido. Llamó por teléfono a su hermano, que era inspector de policía, y le pidió que investigara a su prometido. El hermano descubrió que aquel hombre tenía una mujer en Nueva York a la que había abandonado y que había pasado más de cinco años de su vida en la cárcel, todo lo cual se lo había ocultado. La mujer rompió el compromiso de inmediato y se sintió profundamente agradecida por aquel guía interior que siempre busca protegernos si nos paramos a escucharlo.

«Y él les dijo: "Oíd ahora mis palabras. Cuando haya entre vosotros profeta de Jehová, le apareceré en visión, en sueños hablaré con él"» (Números 12:6).

CÓMO PREPARAR TU MENTE ANTES DE DORMIR

Cuando alcanzas un estado somnoliento, tu mente subconsciente aflora y te vuelves altamente sensible. Los pensamientos y sentimientos que tengas antes de dormir se transmitirán de manera inmediata a tu mente subconsciente, que acto seguido empezará a atender a tu petición o deseo. El poder creativo de tu mente subconsciente está esperando a responder y actuar en base a los deseos, ideas e instrucciones que le impongas en tu estado mental «despierto».

Recuerda también que tu mente subconsciente es impersonal y no selectiva: aceptará tus pensamientos negativos, resentidos u odiosos además de los buenos, y actuará en consecuencia. El subconsciente magnificará y multiplicará aquello que deposites en él, ya sea *bueno o malo*; por lo tanto, es extremadamente importante que purifiques tu mente de todo pensamiento molesto e irritante, creando así una vía despejada para que las energías Divinas fluyan a través de ti de manera constructiva.

Una técnica efectiva a poner en práctica todas las noches

Rememora todo lo que ha ocurrido durante el día y, sean cuales sean las dificultades, disputas o enfados que hayas experimentado, afirma con calma:

> Me perdono plena y libremente por albergar estos pensamientos negativos y por la forma negativa en que he gestionado o respondido a tal o cual problema. Me propongo gestionarlos de la manera adecuada la próxima vez. Irradio amor, paz, alegría y buena voluntad hacia todos cuantos me rodean y a todo el mundo en todas partes. El amor de Dios llena mi alma y me regocijo en el éxito y felicidad de mis socios y de todos los hombres y mujeres en todas partes. Estoy en paz. Esta noche dormiré en paz, amaneceré en la alegría y viviré en Dios. Doy gracias por la alegría de la plegaria atendida.

CÓMO EL SUEÑO DE UNA MADRE PROTEGIÓ A SU HIJA

Hace poco recibí una carta de una mujer contándome que llevaba tiempo empleando las afirmaciones sugeridas en mi libro *Miracle of Mind Dynamics* [*El milagro de la dinámica mental*] para su hija y para ella misma. Una noche tuvo un sueño muy doloroso en el que vio cómo su hija adolescente era violada y estrangulada por un joven. El sueño tenía lugar en un coche en una carretera rural, y la experiencia entera supuso una aterradora pesadilla que la hizo despertar entre gritos.

Decidió actuar en base a aquella advertencia, *sabiendo que no hay tal cosa como el destino inexorable y que la tragedia podía prevenirse* sintonizando con Dios. Afirmó lo siguiente:

> Mi hija es hija de Dios. Donde ella está, está Dios. Dios es todo armonía, paz, belleza, amor, alegría y fuerza. Mi hija está inmersa en la Sagrada Presencia de Dios y la armadura entera de Dios la envuelve. Dios, su Padre Amantísimo, cuida de ella. Ella habita el lugar secreto de lo más Alto y mora en la sombra del Todopoderoso.

Tras meditar durante unos diez minutos, la mujer sintió paz y tranquilidad y volvió a dormirse.

A la mañana siguiente, hizo una llamada de larga distancia para contactar con su hija, pero fue incapaz de dar con ella en el instituto, ya que en el estado en el que estudiaba era un día festivo. A lo largo del día, siguió rezando por su hija, y por la noche esta la llamó y le dijo: «Madre, apareciste en mis sueños anoche y me rogaste que no saliera con uno de mis compañeros de clase porque era muy agresivo y sin duda lo lamentaría. Me afectó mucho. Por la mañana, el chico me llamó por teléfono pidiéndome que saliéramos a dar una vuelta en coche por el campo, y me negué alegando que estaba enferma.

»A pesar de rogarle que no lo hiciera y contarle mi sueño, una amiga mía decidió salir con él. El chico la violó y la estranguló hasta casi matarla. Ahora está en el hospital y la policía está buscando al chico, que ha desaparecido».

Existe una comunicación telepática constante entre miembros de una misma familia, sus seres queridos y sus amigos. La afirmación de la madre en nombre de su hija fue recibida subjetivamente por esta, lo que evitó una posible tragedia.

La Biblia dice: «Pues a sus ángeles mandará acerca de ti, que te guarden en todos tus caminos. En las manos te llevarán, para que tu pie no tropiece en piedra» (Salmo 91:11-12).

Capítulo 7

RESUELVE PROBLEMAS Y SALVA VIDAS CON EL MISTERIO DE LAS IMPRESIONES ONÍRICAS

EN LOS AÑOS QUE LLEVO ASESORANDO a la gente he podido constatar que hay muchas clases de personas que sienten fascinación por los sueños. Hoy en día, los psicólogos y los médicos que llevan a cabo experimentos en laboratorios han llegado a la conclusión de que todas las personas sueñan. Además, estos científicos han comprobado que, cuando los sujetos se despiertan recurrentemente mientras sueñan, pueden producirse desequilibrios mentales, emocionales e incluso físicos.

Muchas personas están familiarizadas con los nombres de Freud, Jung y Adler, que se hicieron célebres por profundizar en los sueños de sus pacientes. Por medio del estudio de los sueños, aquellos hombres fundaron distintas escuelas de psicología: el psicoanálisis (Freud), la psicología analítica (Jung) y la psicología individual (Adler). Todos ellos escribieron mucho sobre los sueños, y sus interpretaciones y conclusiones varían considerablemente. Estas diferencias son tan conflictivas y divergentes que ni siquiera intentaré abordarlas aquí.

El propósito de este capítulo y de este libro es mostrar que la clave para resolver tus problemas a menudo aparece en forma de una clara y definida respuesta en un sueño.

CÓMO BILLY RESOLVIÓ SU PROBLEMA POR MEDIO DE UN SUEÑO

Billy tiene doce años. De vez en cuando escucha mis conferencias, ya que recomiendo a los padres que asistan con los niños y niñas que sean mayores de doce años; son más que capaces de entender estas enseñanzas.

Billy me contó que su madre le había dado un libro para leer, *La isla del tesoro*, que tiene que ver con Hawái. Lo leyó con avidez, y al saber hasta cierto punto cómo funciona su mente subconsciente (que él llama «Subby»), todas las noches antes de dormir le hablaba de la siguiente manera: «Subby, me voy a Hawái de vacaciones. Iré en avión, nadaré en el mar, montaré en bicicleta en una de sus islas y viviré en un ático. Quiero una respuesta clara, por favor».

No le habló de esto ni a su hermano ni a sus padres. Tras sugerirle aquellas cosas a su mente subconsciente, tuvo un sueño en el que vio claramente un ático, el nombre de un hotel —el Maui Hilton— y la isla de Maui en el archipiélago de Hawái. Al día siguiente le dijo a su madre: «Mamá, nos vamos a ir a Hawái de vacaciones», y le dio todos los detalles.

Ella se rio y dijo:

—¡A mí nadie me ha dicho nada! ¿De dónde te has sacado esa idea?

—Lo único que sé —respondió Billy— es que vamos a ir y que nos quedaremos en el ático de un hotel.

Su madre lo desestimó como cosas de niños.

Dos semanas más tarde, en vista de las buenas notas que había sacado Billy en el colegio, su padre (que no sabía nada del sueño de su hijo) le sugirió a su mujer que fueran todos de vacaciones a Hawái, lugar que conocía tras haber pasado una temporada allí como marine. Dijo que él se ocuparía de todos los gastos.

—¡Te lo dije, mamá! ¡Vamos a ir a Hawái! —exclamó Billy. Cada uno de los detalles de su sueño se cumplió, incluido el ático, tal y como él había visualizado.

Como ves, Billy visualizó su sueño con claridad. La mente subconsciente es susceptible a las sugestiones, y habrás advertido también que Billy dijo: «Quiero una respuesta clara». Y su mente subconsciente actuó en consecuencia.

LA IMPORTANCIA DE SOÑAR DE MANERA LITERAL

Llevo varios años sugiriéndole a mi subconsciente antes de irme a dormir: «Sueño de manera clara y literal, y recuerdo mi sueño». Parece que he logrado convencer a mi mente subconsciente, ya que cerca del 90 por ciento de mis sueños son tan literales como las noticias del periódico de la mañana. Recibo muchas respuestas a mis afirmaciones en sueños.

Tu mente consciente puede dirigir, y de hecho dirige, las actividades de tu mente mientras duermes. Puedes poner fin a la repetición de «malos sueños», pesadillas o sueños que te dan miedo. Tu mente consciente controla tu subconsciente, y eres capaz de alterar la naturaleza de tus sueños eligiendo y rechazando pensamientos e ideas, disciplinando tus reflexiones y deseos a lo largo del día. De este modo, te será cada vez más fácil controlar tus sueños.

Cómo mi sueño salvó una vida

Una mujer que pertenece a mi congregación me llamó por teléfono y me pidió que la bendijera de cara a un viaje que iba a hacer a Europa. Así lo hice, afirmando algo parecido a lo siguiente:

> El amor y armonía Divinos te preceden y hacen que tu camino sea alegre, feliz y glorioso. Los mensajeros de Dios que portan vida, amor, verdad y belleza velan por ti en todo momento, cualquier medio de transporte que utilices encarna la idea de Dios moviéndose de un punto a otro de manera libre, alegre y amorosa. Estás siempre en la cámara secreta de lo Más Alto, y vela por ti la Presencia Ubicua.

Aquella noche tuve un sueño en el que vi con claridad a aquella mujer en Inglaterra comprando un billete para Francia, y vi el avión en el que debía viajar cayendo en picado envuelto en llamas. La llamé por teléfono al día siguiente y le dije que suelo soñar de manera literal, debido a las sugestiones que le he transmitido a mi mente subconsciente. Le pregunté si planeaba visitar Francia durante su viaje por Europa y me respondió que sí. Entonces le conté lo que había visto en mi sueño y le aconsejé no viajar a Francia en avión.

Me respondió: «¡Qué alegría que me haya llamado! Mi hermano, que está en la siguiente dimensión, se me apareció anoche en sueños y me dijo: "Hermana, ni se te ocurra montarte en ese avión en Inglaterra con destino a Perpiñán". Después desapareció. Ya he cancelado el viaje, ya que tenía la poderosa sensación de que sería catastrófico».

Más tarde, los noticieros se hicieron eco del viaje fatal, en el que murieron 88 personas.

A estas alturas del libro, habrás deducido rápidamente la causa de los sueños. Mientras rezábamos juntos por teléfono, impregnamos y activamos nuestra mente subconsciente, que lo ve y sabe todo, y esta respondió simbólicamente en el caso de ella y literalmente en el mío.

La supervivencia es la primera ley de la vida, y tu subconsciente siempre busca protegerte y alejarte de cualquier tipo de daño. Recuerda también que la armonía y la discordia no coexisten juntas y, por lo tanto, aquella mujer no podía haber volado en el avión siniestrado, ya que afirmó que el amor y armonía Divinos la precedían y hacían que su camino fuera directo y alegre.

La aparición de su hermano fue una representación de su mente subconsciente; es Omnisciente y sabe a qué voz le harás caso. Su hermano se había ocupado de cuidarla tras la muerte temprana de su padre. Había actuado de padre para su hermana, la había enviado a la universidad y pagado todos gastos. Había pasado a la siguiente dimensión unos meses antes de aquel sueño.

CÓMO UN CHICO CONTROLÓ SU SUBCONSCIENTE EN UN SUEÑO

Un día, una madre me trajo a su hijo, que había estado leyendo y escuchando historias de fantasmas. Noche tras noche, un hombre fantasmal cubierto con una sábana blanca y con rostro aterrador le decía al chico: «Te voy a llevar conmigo. Eres un niño malo». El sueño era devastador para el chico, que se despertaba gritando y llorando todas las noches.

Le sugerí que dejara de leer historias de fantasmas porque su mente profunda magnificaba los pensamientos y las imágenes que rondaban su mente consciente antes de dormir. También le dije: «Cuando el señor fantasmal aparezca en tu sueño, sé amable con él. Quizá haya perdido a un hijo y esté intentando ser amable con alguien que se le parece. Esta noche, cuando vayas a dormir, si aparece, dile: "Hola, soy tu amigo y te quiero". Dale la mano y ofrécele unas galletas de las que hace tu madre».

Aquella noche el chico se llevó galletas a la cama y las puso bajo su almohada; cuando apareció el hombre, la madre del chico, que dormía en la cama de al lado, le escuchó decir en sueños. «Hola. Soy tu amigo y te quiero. Toma unas galletas. Las hace mi madre y están muy ricas», y el chico cogió las galletas de debajo de la almohada y se las ofreció a la figura fantasmal. Entonces su miedo sobrecogedor remitió. Se relajó y cayó en un sueño profundo, descansado y natural, y se libró de su terrible pesadilla.

Había aceptado mis sugerencias y siguió mis instrucciones, que contrarrestaron las impresiones temibles que había grabado inconscientemente en su mente. Se hizo amigo con el así llamado espectro, y su mente inquieta alcanzó la paz.

CÓMO CAMBIAR UN SUEÑO INQUIETANTE

Muchas personas que leen historias de asesinatos y detectives o ven series de televisión violentas se llevan estos pensamientos e imágenes inquietantes a su mente subconsciente cuando se van a dormir. Su mente profunda magnifica y dramatiza extraordinariamente todo lo que queda impregnado en ella, y estas personas sufren y experimentan pesadillas en las que leones, tigres y otros animales salvajes los atacan. He instruido a muchas de estas personas para que afirmen antes de irse a dormir: «Sé por qué tengo estos sueños, y sé que son solo sueños. Sigo soñando, y la pesadilla cesa y se apaga. El amor de Dios llena mi alma, sueño en paz toda la noche y amanezco con alegría».

Esta es infalible. Cualquiera puede poner en práctica este sencillo método para curar las pesadillas que resultan de leer historias de fantasmas y asesinatos o ver películas o series bélicas de naturaleza psicopática.

Lo que le sugiero a todo el mundo es que lea varias veces antes de acostarse los hermosos Salmos, como el 23, el 27, el 42, el 46, el 91 o el 100. Entonces neutralizarás cualquier patrón dañino en tu subconsciente y grabarás en él cosas bellas y buenas. Lo que grabes en el subconsciente se expresará siempre como forma, función, experiencia y acontecimiento.

CÓMO UN JUEZ OBTUVO UNA RESPUESTA EN UN SUEÑO

Un juez que pertenece a mi club me contó un sueño de lo más interesante. Durante unas cinco noches consecutivas, soñó que veía una señal en la calle que ponía: CALLE MURPHY, y que después se encontraba entre una muchedumbre en el Teatro Wilshire Ebell, en el cruce de Wilshire Boulevard y Lucerne Boulevard de Los Ángeles, donde yo doy conferencias en público. El juez no me veía, pero el sueño lo inquietaba. Se lo contó a su mujer y ella le sugirió que hablara conmigo del asunto.

Lo que yo le respondí fue: «En general, cando un sueño se repite noche tras noche, tu subconsciente lo recrea porque es muy importante para ti, del mismo modo que en tus juicios puede que recalques determinado aspecto de la ley que es esencial que el jurado conozca». Añadí que su sueño era personal y que cualquier explicación debía coincidir con su propio punto de vista.

Le dije que mi interpretación intuitiva del sueño era que, si bien no hay ninguna «calle Murphy» cerca del Teatro

Wilshere Ebell, su mente subconsciente, por sus propias razones, quería que asistiera a la conferencia «La aproximación espiritual a la injusticia» del domingo siguiente. El significado simbólico de la «calle Murphy» sin duda se refería al conferenciante (yo).

El juez se quedó pensativo y después dijo: «Eso es. Llevo varias noches sin poder dormir por una decisión que tengo que tomar, y me he preguntado acerca de cómo acercarme a nivel espiritual a todas estas cosas, pues hay muchas inequidades e injusticias en todo el mundo desde la aparición de los seres humanos».

Asistió a la conferencia de aquel domingo y, al darme la mano antes de irse, me dijo: «Tenías razón, al igual que mi sueño. Ya tengo una respuesta, y sé cuál va a ser mi decisión».

Los caminos de tu subconsciente son indescifrables. Al referirse al funcionamiento de tu mente subconsciente, la Biblia emplea estas palabras: «Porque mis pensamientos no son vuestros pensamientos, ni vuestros caminos mis caminos —dijo Jehová—. Como son más altos los cielos que la tierra, así son mis caminos más altos que vuestros caminos, y mis pensamientos más que vuestros pensamientos» (Isaías 55:8-9).

Una respuesta a un sueño de un estudiante de la Biblia

Recientemente vino a verme un estudiante que está en su cuarto año en el seminario. Me dijo que la pionera definición de Freud era que un sueño simboliza un deseo cumplido, pero que sin duda eso no encajaba con un sueño suyo en particular.

Durante nuestra charla, le dije que su mente subconsciente podía proyectar en sueños cualquier cosa que lo preocupara; que, cuando la mente cotidiana y superficial, profundamente absorta en estudios bíblicos o religiosos, piensa en cualquier persona, esto puede encontrar perfectamente una expresión simbólica en versículos o personajes bíblicos en forma de sueño; y que lo único que tenía que hacer era leer la visión de Pedro en el capítulo 10 de los Hechos de los Apóstoles, empezando por el versículo 9, y comprobar cómo el dilema de Pedro quedó completamente resuelto en un sueño cuando la voz de la intuición le dijo: «Lo que Dios limpió, no lo llames tú común» (Hechos 10:15).

El sueño del estudiante de la Biblia

A lo largo de varias noches, mientras dormía profundamente, el estudiante de la Biblia vio una espada brillante y un hombre que parecía ser Jesús agitándola. Decía: «Vengo no para traer la paz, sino una espada».

El estudiante me preguntó: «¿Qué significa? Le pregunté a un profesor y me dijo: "Olvídate de ello. Es solo un sueño. Has estado leyendo la Biblia y has imaginado lo que has leído"».

Añadió: «Estoy terriblemente intranquilo. He estado acudiendo a un psiquiatra asociado a nuestra institución religiosa. Me ha dado tranquilizantes y me han relajado, pero estoy empezando a cuestionar todo lo que leo, escucho y me enseñan. No puedo tomarme la Biblia literalmente; creo que todos los hombres son hijos de Dios, que Dios no es ningún respetador de las personas y que ningún credo ni ninguna iglesia posee el monopolio de la verdad».

Mi interpretación y su reacción

Las referencias bíblicas a la interpretación de los sueños señalan la importancia de los sueños profética y Divinamente inspirados, que abundan tanto en el Antiguo como en el Nuevo Testamento. El lenguaje de la Biblia es simbólico, figurativo y alegórico, y todas sus historias surgieron de las mentes subconscientes de autores inspirados.

La espada es un símbolo ancestral de la Verdad, de la Presencia de Dios en las personas, que las libera de la superstición, la ignorancia, las falsas creencias y los miedos de todo tipo. Cuando una persona aprende la verdad de su ser y el funcionamiento de su mente consciente y subconsciente, aprende que es dueña de su propio destino. La Verdad agita a una persona, genera una disputa en su mente, desafía todas sus doctrinas, creencias, dogmas y tradiciones falsos, y le habla de un Dios del amor.

La espada de la Verdad separa el trigo de la paja, lo falso de lo real. Representa el razonamiento Divino, que permite juzgar desde el punto de vista de las verdades universales, no desde el de la teología hecha por los hombres ni de las opiniones de la gente, las liturgias y las ceremonias.

Le expliqué a aquel joven: «Tu sueño te está diciendo que razones por ti mismo, no basándote en las apariencias ni las complejidades teológicas, sino en una razón fundada en leyes mentales y espirituales, que son igual de válidas que las de la química, la física o las matemáticas.

»La Presencia de Dios que habita en ti te está diciendo que te liberes por completo de tus creencias presentes y aceptes la Divinidad que hay en ti, que responde a todas las personas. Toma una decisión basándote en las verdades cósmicas y universales de Dios, que son iguales ayer, hoy y siempre. La

Verdad Divina en ti no te dejará descansar hasta que creas en la bondad de Dios, el amor de Dios, la armonía de Dios y la alegría del Señor, que es tu fuerza».

Había un enorme conflicto en la mente de aquel joven: decía creer con los labios aquello que su corazón sabía que era falso. Aquel conflicto le había provocado prácticamente un colapso mental, por lo que tuvo que recurrir a la atención psiquiátrica y a la medicación. Sin embargo, cuando los efectos de las drogas se disipaban, la infección o trauma mental volvía a surgir y decir: «Aquí estoy. ¡Resuélveme!». Y el sueño reaparecía.

La solución

El joven dijo: «Cada palabra que usted dice le suena verdadera a mi corazón. Al margen de lo que piensen mis padres, voy a abandonar el seminario y a hacer algo en lo que realmente crea».

Ahora estudia psicología en la universidad, así como la ciencia de la mente y *El poder de tu mente subconsciente*. Se ha casado con una chica encantadora y está extremadamente feliz con sus nuevos estudios. Ha decidido convertirse en pastor no adscrito a ninguna iglesia y ofrecerle a la gente interpretaciones psicológicas y espirituales de las Escrituras.

CÓMO LA BIBLIA ESCUCHÓ LAS ORACIONES DE UN SACERDOTE

Hace algún tiempo, cené con un pariente que es sacerdote en una importante parroquia. Tenía muchos problemas con unos cuantos dirigentes de su iglesia y con el obispo, y había estado rezándole a Dios en busca de orientación para solucionar sus problemas.

—Joe —me dijo—, tú enseñas el significado profundo de la Biblia. No estoy de acuerdo del todo contigo, pero coincido con algunas de tus enseñanzas. ¿Cómo interpretas un sueño que he tenido unas cuatro o cinco veces en los últimos meses? Se me aparecen las palabras de los Proverbios «No te desvíes a la derecha ni a la izquierda; aparta tu pie del mal» (Proverbios 4:27).

—Pues bien, Tom —le respondí—, estoy seguro de que conoces el significado de esas palabras tan bien como yo, y sin duda es una respuesta a tu petición de orientación Divina. Lo único que significa es que no hace falta que hagas nada al respecto, ni objetivamente (mano derecha) ni subjetivamente (mano izquierda); es decir, no queda nada por lo que rezar.

En la simbología bíblica, *pie* significa 'comprender', y *aparta tu pie del mal* significa 'dejar de preocuparse y de pensar negativamente en ello', ya que tu *mal* sería darle poder a los demás o a las condiciones en vez de darle todo el poder a Dios, que vive en ti.

Tom me dijo:

—¿Quieres decir que debería quedarme como estoy, sin decir ni hacer nada, y dejar que Dios lo resuelva?

—Así es —le respondí—. Eso es exactamente lo que quiero decir. Pero, si para ti no significa lo mismo, evidentemente no es la interpretación adecuada.

—Sí que lo es. ¡Estoy seguro! —dijo Tom.

Al cabo de aproximadamente un mes, el obispo que se había mostrado crítico con él falleció, y los hombres que le estaban creando problemas y querían expulsarlo fueron trasladados a otras ciudades por parte de sus respectivas organizaciones.

Hace unas noches, Tom me hizo una llamada a larga distancia y me dijo:

—El sueño estaba en lo cierto, Joe. ¿Por qué soñé aquello?

A lo que yo le respondí:

—Lo único que sé, Tom, es que la Biblia dice: «En sueños hablaré con él» (Números 12:6).

Capítulo 8

CONSIGUE QUE LA PERCEPCIÓN EXTRASENSORIAL FUNCIONE PARA TI

ESTE LIBRO TRATA SOBRE LA LLAVE MENTAL que ayuda a solucionar los problemas humanos. He descubierto que las respuestas a los problemas más desconcertantes que asedian al hombre provienen del reino de la mente subconsciente. Cuando tenía unos nueve años, desarrollé un gran interés por la función elevada de la mente y me quedé maravillado con lo que ahora llamamos poderes intuitivos y psíquicos, que solucionan los problemas de los agricultores que viven en rincones remotos del campo.

CÓMO LA PERCEPCIÓN EXTRASENSORIAL AYUDÓ A ENCONTRAR UN HIJO PERDIDO

Un granjero, al que llamaremos Jerry, vivía a menos de un kilómetro de mi casa; cuando era muy joven, solía ir a verlo a los campos y me alegraba mucho poder ayudarlo de distintas maneras. Un día, Jerry descubrió que su hijo no estaba al caer la noche, el chico aún no había regresado a casa. Desconsolado y afligido, llamó a los vecinos y un grupo de hombres montados a caballo salieron a buscarlo. Algunos conocidos habían escuchado al chico decir que iba a escalar el monte Kidd, una montaña situada en un lugar remoto del condado de Cork en el occidente de Irlanda, cerca de donde vivíamos. Sin embargo, no hallaron rastro de él allí. Al anochecer, tuvieron que poner fin a la búsqueda.

Aquella noche, mientras dormía, mi vecino desconsolado tuvo un sueño muy vívido, y por medio de la percepción extrasensorial supo dónde estaba su hijo. El lugar le era familiar, y vio al chico durmiendo cerca de un peñasco, protegido por arbustos. Al amanecer, Jerry montó sobre su burro y se dirigió al lugar que había visto en su sueño. Ató al burro y escaló hasta el punto exacto, donde encontró a su hijo durmiendo bajo los arbustos. Aliviado y feliz, lo despertó, y, aunque el chico se mostró sorprendido de ver a su padre, le dijo: «He rezado para que me encontraras».

Al igual que miles de personas antes que él, el granjero había accedido al poder de la percepción extrasensorial para solucionar su problema. Quizá debería añadir que aquel granjero nunca había ido al colegio, y tampoco sabía leer ni escribir. Desde luego no sabía nada sobre las leyes de la mente ni la percepción extrasensorial. Las palabras *telepatía, clarividencia* y *precognición* no le habrían dicho nada.

Recuerdo preguntarle a Jerry:

—¿Cómo sabías dónde estaba [tu hijo] Jeremiah?

Y él me contestó:

—Me lo dijo Dios en un sueño.

Ahora veo que la respuesta era bastante sencilla. Jerry estuvo pensando en su hijo y preguntándose dónde estaba antes de quedarse dormido, y probablemente le rezaría a Dios con la sencillez que él conocía. Su mente subconsciente le reveló entonces la respuesta por medio de una visión clarividente.

CÓMO USAR LA PERCEPCIÓN EXTRASENSORIAL

He hablado con cientos de personas que me han contado cómo han accedido a información específica que les habría sido imposible obtener a través de los canales normales de los cinco sentidos. En todos los casos, se habían concentrado en las respuestas, y su mente profunda les había dado respuesta en forma de sueños, visiones nocturnas y destellos de intuición.

Cómo una mujer fue consciente de su percepción extrasensorial

Hace algunos años, una mujer —llamémosla Jean Wright— acudió al hipódromo de Agua Caliente con su marido y una serie de invitados. Hasta entonces, nunca había sentido el menor interés por las experiencias paranormales o psíquicas ni por el funcionamiento de su mente profunda o interior. La noche anterior a la visita al hipódromo, se puso a pensar en las carreras y en qué ponerse al día siguiente. Meditó sobre el hecho de que nunca antes había ido a ver una carrera y que no sabía nada sobre caballos o jinetes, ni siquiera sobre cómo apostar. Antes de irse a dormir, se dijo a sí misma: «Espero saber qué hacer y apostar por un par de ganadores, ya que no voy a jugarme más de cuatro dólares, dos por cada carrera».

Jean es una mujer muy intuitiva y bastante psíquica, y sueña con muchos acontecimientos futuros. Aquella noche tuvo una visión de dos caballos ganadores llamados Robby's Choice y Billy's Friend. Intuyó que iban a ganar. (Los nombres de sus dos hijos son Robby y Billy).

Cuando llegaron al hipódromo a la mañana siguiente, Jean le preguntó a su marido cómo apostar y este se lo explicó. Apostó por los dos caballos que había visto en su sueño, ambos de los cuales tenían unas probabilidades de ganar de 20 a 1.

Su mente subconsciente, que es la fuente de toda percepción extrasensorial, respondió a su pensamiento concentrado antes de irse a dormir. Toda su atención estaba puesta en dos ganadores, y aquello impregnó su mente subconsciente. Esta respondió y le ofreció dos ganadores, que ella había pedido sin darle importancia y sin un excesivo estrés o esfuerzo mental.

LA PERCEPCIÓN EXTRASENSORIAL EN ACCIÓN

El profesor J. B. Rhine de la Universidad de Duke ha sido el responsable de dirigir una de las investigaciones más importantes sobre fenómenos extrasensoriales. Rhine ha publicado varios libros sobre el asunto y ha dado conferencias en muchos países y ante organismos científicos. Ha reunido una enorme cantidad de material —verificado y bien documentado— sobre el extraordinario poder de la mente. Le interesa especialmente la clarividencia, la capacidad de saber lo que sucede en otra parte del mundo sin recurrir a los sentidos normales, permitiendo a quien lo experimenta ver tales acontecimientos con claridad.

También ha estudiado en profundidad la precognición (la visión de acontecimientos futuros antes de que ocurran); la telepatía (la transferencia de pensamientos de una mente a otra); la telequinesia (la capacidad de actuar sobre objetos externos sin emplear ningún contacto físico), y la retrocognición (la habilidad de ver el pasado). Es interesante comprobar que algunos laboratorios académicos, tanto en Estados Unidos como en Europa y la India, así como estudios científicos realizados a lo largo de muchos años, concluyen no solo que todos poseemos las facultades que permiten las percepciones extrasensoriales, sino que además siguen ciertas leyes básicas de la acción mental.

Su percepción extrasensorial le permitió ver un cortejo fúnebre

Un día, cuando yo era niño y me encontraba jugando en el jardín de mi casa con mis otros cuatro hermanos (un chico y tres chicas), mi hermana menor, Elizabeth, gritó que había visto un cortejo fúnebre: nuestra abuela había muerto. Nos dio el nombre del cura que estaba liderando el cortejo y vio que nuestros padres iban detrás montados en un carro tirado por un caballo. Todos nos reímos de ella, y mi madre la regañó por ser tan mala como para decir que nuestra abuela estaba muerta cuando todos sabíamos que estaba muy viva. Nuestra abuela vivía a unos veinticinco kilómetros de nuestra casa, y en aquella época no había posibilidad de comunicarse por teléfono o telegrama en la parte remota del país donde vivíamos. La única forma de hacerlo era por medio de un mensajero a pie, a caballo o en burro.

Aquella misma noche, un pariente llegó corriendo a nuestra casa para anunciarnos que la abuela había muerto y para pedirles a mis padres que asistieran al velatorio y el funeral. El mensajero nos dijo que había muerto a las dos de la tarde, la hora en que mi hermana Elizabeth visualizó el funeral y al cura liderando el cortejo.

Se trataba de una forma de percepción extrasensorial llamada precognición, pues el cortejo fúnebre (tal y como nos lo había descrito Elizabeth) tuvo lugar el día siguiente, y el cura que ella había nombrado fue el encargado de dirigirlo. Por desgracia, debido a las críticas y burlas hacia sus facultades intuitivas, su percepción extrasensorial fue inhibiéndose o suprimiéndose con el paso del tiempo, quedando más o menos atrofiada.

Un caso extraordinario de clarividencia viajera

El caso clásico es el del célebre Emanuel Swedenborg, verificado y estudiado por el igualmente célebre Immanuel Kant. Mientras hablaba con un grupo de científicos en la ciudad sueca de Gotemburgo, Swedenborg tuvo una visión clarividente en la que percibió claramente el origen y desarrollo de un gran incendio en Estocolmo, a más de cuatrocientos kilómetros de distancia. También describió en detalle la extinción del fuego. Unos días más tarde, unos mensajeros llegaron desde Estocolmo y confirmaron la precisión de su visión.

Esto demuestra que todos nosotros poseemos poderes trascendentales que son capaces de proyectarse más allá de las limitaciones del tiempo y el espacio.

LA PERCEPCIÓN EXTRASENSORIAL ESTÁ ACTIVA EN TODOS LADOS

Durante un reciente viaje a San Francisco, una mujer se sentó a mi lado en el avión. Parecía realmente triste y desconsolada. Al ofrecerme un periódico para leer, de pronto sentí la urgente necesidad de preguntarle: «¿Ha dejado usted a su marido?». ¡Y eso hice! Ella se mostró atónita y dijo:

—Sí. ¿Cómo lo sabe?

—Porque lo he intuido —le respondí.

—¡Vaya! Es usted una de esas personas psíquicas que ve cosas —me dijo ella.

—No, no es eso —le respondí—. Pero a veces me vienen destellos subliminales de mi mente subconsciente que me revelan respuestas. Creo que esto le sucede a cualquiera que practique las leyes de la mente y la senda del Espíritu Infinito que habita en el hombre.

—Entiendo —dijo ella—. He dejado a mi marido esta mañana y me iré a Australia con un hombre de San Francisco en cuanto él tramite su divorcio. No sé si estoy haciendo lo correcto. Me cuesta decantarme por uno de los dos.

Me vi impelido a ofrecerle consejo. Le sugerí que lo que realmente quería era encontrar a un hombre ideal que la quisiera, cuidara de ella y la apreciara, y que ese amor debía ser correspondido. «Usted necesita a un hombre con quien esté en perfecta armonía, en lo intelectual, en lo espiritual y en todo lo demás. Ahora está confusa y llena de ira hacia su marido actual. Es insensato tomar una decisión cuando uno está afectado por emociones tan negativas».

La afirmación que empleó

Escribí una afirmación para ella, y le dije que la usara y estuviera atenta a la señal que le llegaría en los días siguientes. También le aconsejé que se abstuviera de contactar con el hombre con quien pensaba casarse y esperara a recibir orientación interior. He aquí la afirmación que empleó:

Sé que existe un principio de actuación correcta en la vida. Sé que el Principio Vital me busca para expresarse de forma armoniosa, pacífica y alegre a través de mí. Reclamo con claridad que la Inteligencia Suprema, que guía el cosmos y gobierna los planetas en sus cursos, me responde y me guía para que tome la decisión correcta.

Le entrego ahora esta idea o petición a la Mente Profunda que habita en mí, donde mora la Inteligencia Suprema, y sigo la pista que aparece de manera clara y definitiva en mi mente consciente y racional.

Repitió esta afirmación de manera frecuente durante el día y, sobre todo, antes de dormir. La tercera noche tuvo una visión que la desconcertó. Su hermano fallecido se le apareció en un sueño vívido y le advirtió de que no se casara con el hombre de San Francisco. Le dijo que se iba a limitar a utilizarla, quedarse con su dinero y que al final no se casaría con ella. La voz le dijo: «Vuelve con tu marido», y después su hermano desapareció.

Aquello fue un ejemplo de percepción extrasensorial en acción. Las facultades profundas de su mente fueron capaces de leer las motivaciones del hombre con quien deseaba casarse. Sabían que era insincero y deshonesto, y le revelaron a la mujer la respuesta que buscaba. En otras palabras, su mente subconsciente representó la respuesta a través de la personalidad de su hermano, ya que sabía muy bien que ella escucharía su supuesta voz.

La mujer me llamó por teléfono al hotel Drake y me dijo con alegría: «¡Recibí mi respuesta! Voy a volver con mi marido». Después he sabido que tuvieron una maravillosa reconciliación. Nunca sabes cómo se materializarán tus afirmaciones, pues los caminos del subconsciente son indescifrables.

LA PERCEPCIÓN EXTRASENSORIAL SE MANIFESTÓ COMO CLARIAUDIENCIA

Una amiga médica me dijo que, siempre que tiene que tomar una decisión importante, escucha con claridad una voz interior, a la que obedece implícitamente. Afirma que es una voz oral y subconsciente que escucha con claridad cuando está en el trabajo o en compañía de sus amigos. Nadie más escucha la voz, por lo que sin duda se trata de un acceso subliminal que responde a su profunda y duradera fe en la orientación interior. La voz le dice «Sí» cuando aprueba algo y «No» cuando lo desaprueba.

Mi amiga dice que su voz interior siempre tiene razón. A lo largo de un periodo de tiempo, esta médica ha condicionado a su mente para creer que Dios la guía en todos los sentidos. Lo que experimenta ahora es la respuesta automática de su mente profunda cuando necesita una respuesta.

La clariaudiencia a lo largo de la historia

Sócrates reconoció abiertamente que quien lo dirigía y guiaba de manera constante era su *daemon*, que caracterizó como una voz admonitoria interior a la que escuchaba y obedecía. Aquella voz interior le decía qué no debía hacer, y, cuando no le hablaba, lo entendía como un consentimiento tácito. En los *Diálogos* de Platón, leemos que este *daemon*, o voz intuitiva, le proporcionó a Sócrates un conocimiento extraordinario que sobrevolaba sus cinco sentidos.

Otro ejemplo llamativo de clariaudiencia lo encontramos en Juana de Arco, la extraordinaria heroína visionaria francesa. La historia nos cuenta que dependía enteramente de mensajes directos o «voces» de su mente subconsciente. A lo largo de la historia, historiadores notables han investigado sus asombrosas proezas, y la conclusión de muchos parapsicólogos y otros es que era indudablemente clarividente y clariaudiente.

Uno de los extraordinarios ejemplos de su clarividencia se produjo cuando era una niña en Domremy. Anunció en público que había una espada enterrada tras el altar de la iglesia de Santa Catalina en Fierbois. Nunca había visto aquella iglesia, pero un hombre cavó la tierra en las proximidades del altar y encontró la espada de la que había hablado.

CÓMO LOS PODERES DE LA PERCEPCIÓN EXTRASENSORIAL LOCALIZARON UN RECIBO PERDIDO

Hace unas semanas, un hombre me llamó desde Nueva Orleans, en el estado de Luisiana, y me dijo que estaba seguro de que, antes de morir, su mujer había pagado 2500 dólares por un reloj de platino que le había regalado a él por sus bodas de oro. Estaba seguro de ello porque había visto el recibo, pero, cuando me llamó, me contó que le estaban exigiendo el pago. Le insistió al joyero que su mujer había pagado y le habían dado un recibo, pero no quiso escucharlo.

El hombre rebuscó exhaustivamente por toda su casa, pero fue incapaz de dar con el recibo. Me dijo: «¿Puede ayudarme? He leído su libro *El poder de la mente subconsciente*, y en él se decía que el poder del subconsciente logró descubrir un testamento».

Le dije que le pediría a la Inteligencia Infinita que le revelara la respuesta y le llevara hasta el recibo. Asimismo, le aconsejé que afirmara y creyera con firmeza que la Inteligencia Infinita sabía todas las cosas, que conocía el paradero del recibo y que se lo revelaría según el orden Divino.

Al cabo de aproximadamente una semana, me escribió diciéndome que una noche, mientras dormía, una persona con aspecto de sabio antiguo se le apareció, le señaló una página del Libro de Isaías y vio el recibo con claridad. Se despertó de pronto y se dirigió rápidamente a su biblioteca. Abrió la Biblia por la página que había visto en el sueño y allí estaba el recibo. Su mente subconsciente infinita le proporcionó la respuesta que trascendía el poder de su mente consciente.

CÓMO HACER QUE LA PERCEPCIÓN EXTRASENSORIAL FUNCIONE PARA TI

Habrás escuchado el viejo consejo de «consultar algo con la almohada». Lo que esto significa es que, cuando tu mente consciente está tranquila y centras tu atención en la solución o respuesta que estás buscando, le mente profunda, que está llena de sabiduría, poder e Inteligencia Infinita, te responderá y resolverá tu problema.

Si has perdido algo y lo has buscado por todas partes, deja de preocuparte por ello, relájate, entrégale tu petición a tu mente subconsciente y dile lo siguiente:

La Inteligencia Infinita que habita en mi mente subconsciente sabe todas las cosas. Sabe dónde está lo que busco y me lo revela de manera clara y precisa. Me guía Divinamente hacia ello. Confío de manera implícita en mi mente profunda. Me desprendo de ello y me relajo.

Cuando te relajes, te desprendas de la preocupación y dirijas tu atención a otra cosa, las facultades de percepción extrasensorial de tu mente subconsciente te llevarán directamente a aquello que has perdido. Puede que lo veas de forma clarividente en un sueño, o quizá seas conducido directamente hasta donde se encuentra.

Como bien está escrito, «a su amado dará Dios el sueño» (Salmo 127:2). ¡Todos poseemos un maravilloso legado en estas imponentes palabras!

Capítulo 9

DESARROLLA EL PODER SECRETO DEL AUTODOMINIO

En Marcos 11:23 se dice: «Porque de cierto os digo que cualquiera que dijere a este monte: "Quítate y échate en el mar, y no dudare en su corazón, sino creyere que será hecho lo que dice, lo que diga le será hecho"».

La verdad de estas palabras nunca te defraudará, sino que te brindará un poder infinito para llevar una vida perfecta. El monte del que se habla en la Biblia representa las dificultades, desafíos y problemas a los que te enfrentas. Pueden parecer abrumadores y sobrecogedores, pero, si tienes fe en el poder infinito y no dudas de él, afirmarás lo siguiente con convicción:

Sal de aquí. Superaré este desafío por medio del poder infinito. Este problema queda Divinamente superado. Lucharé contra él con valor, consciente de que todo el poder, sabiduría y fuerza necesarios me serán concedidos. Tengo una fe inquebrantable en que Dios sabe la respuesta, y Dios y yo somos uno. Dios me revela la salida, el final feliz. Camino siendo consciente de ello, y al hacerlo sé que el monte desaparecerá; saldrá de mi vista, quedará disuelto en la luz del amor de Dios. Creo en esto; lo acepto de todo corazón; es así.

CÓMO UNA MUJER JOVEN Y DESCORAZONADA DESARROLLÓ EL AUTODOMINIO

Hace unos años, mientras daba unas conferencias en Honolulu, vino a verme una joven japonesa que se encontraba desanimada y sufría una aguda depresión. Tenía apenas treinta años y había tenido que someterse a varias operaciones, incluida la extirpación de un pecho y una histerectomía. Me dijo: «He dejado de ser una mujer. No puedo tener hijos y nadie me quiere». Citando a Emerson, le respondí: «Eres un órgano de Dios, y Dios te necesita donde estás; de no ser así, no estarías aquí».

Le señalé que a lo largo de la vida nos enfrentamos al desánimo y a contratiempos, y que es innegable que a todos nos llegan desafíos y dificultades, pero que tenemos un poder infinito en nuestro interior que nos permite imponernos al desánimo y la depresión y que la alegría yace en superar y dominar cualquier situación.

Después le dije que la manera más rápida de superar su depresión consistía en compartir con los demás sus talentos, amor, amabilidad y capacidades de manera sincera. De ese modo, dejaría de estar absorta en sí misma, de compadecerse y de condenarse. Dado que era enfermera, le sugerí que volviera a su puesto de trabajo y se dedicara a darle un mejor servicio a los demás, volcando el amor sanador de Dios sobre todos sus pacientes y ofreciendo una mayor cantidad de su ser Divino a los demás. Le recordé que la persona egocéntrica rara vez es feliz, y que el secreto de una vida plena está en ofrecerles más vida, amor, alegría y felicidad a los demás.

También le aconsejé que leyera el Salmo 42 en voz alta varias veces al día para saborear las palabras como si se tratara de una comida deliciosa. Le dije que no me refería a balbucear las palabras ni a afirmaciones vagas, sino que quería que sintiera e intuyera las magníficas verdades contenidas en el Salmo. De aquel modo, establecería un sentimiento profundo y fundamental de unidad con Dios, mediante el cual su mente y corazón quedarían transformados por el poder infinito que había en su interior.

Cómo puso en práctica la presencia de Dios

Siguió mi consejo y regresó a su trabajo de enfermera. Volcó humildad, amor y ánimos sobre todos sus pacientes, y les habló del poder infinito de Dios para curar y encender su fe. Me escribió para contarme que en dos años no ha perdido un solo paciente a manos de la Muerte. Reza por cada paciente que tiene a su cargo afirmando: «Dios es Vida, y Su Vida, Amor y Poder se manifiestan ahora en el señor o la señora _____». Esta es la oración que pronuncia siempre por las personas que están bajo su cuidado. Esta es la práctica de la presencia de Dios, porque es la práctica constante de la armonía, la salud, la paz, la alegría, el amor y la plenitud para cada persona.

Su victoria triunfal

Un día de Navidad, tuve el placer de oficiar en mi hogar la boda entre aquella enfermera y el médico que la había operado, uniéndolos en sagrado matrimonio. Después de la ceremonia, el marido me dijo: «Ella es más que una enfermera. Es un ángel de la piedad». Vio la luz interior y la belleza de su alma. Emerson escribió: «Los anillos y las joyas no son regalos. El único regalo es una porción de ti mismo».

Este es el salmo que produjo el regalo de Dios:

Como el ciervo brama por las corrientes de las aguas,
así clama por ti, oh Dios, el alma mía.
Mi alma tiene sed de Dios, del Dios vivo;
¿cuándo vendré, y me presentaré delante de Dios?
Fueron mis lágrimas mi pan de día y de noche,
mientras me dicen todos los días: ¿Dónde está tu Dios?

Me acuerdo de estas cosas, y derramo mi alma dentro
    de mí;
de cómo yo fui con la multitud, y la conduje hasta la casa de
    Dios,
entre voces de alegría y de alabanza del pueblo en fiesta.
¿Por qué te abates, oh alma mía,
y te turbas dentro de mí?
Espera en Dios; porque aún he de alabarle,
salvación mía y Dios mío.

Dios mío, mi alma está abatida en mí;
me acordaré, por tanto, de ti desde la tierra del Jordán,
y de los hermonitas, desde el monte de Mizar.
Un abismo llama a otro a la voz de tus cascadas;
todas tus ondas y tus olas han pasado sobre mí.
Pero de día mandará Jehová su misericordia,
y de noche su cántico estará conmigo,
y mi oración al Dios de mi vida.

Diré a Dios: Roca mía, ¿por qué te has olvidado de mí?
¿Por qué andaré yo enlutado por la opresión del enemigo?
Como quien hiere mis huesos, mis enemigos me afrentan,
diciéndome cada día: ¿Dónde está tu Dios?

¿Por qué te abates, oh alma mía,
y por qué te turbas dentro de mí?
Espera en Dios; porque aún he de alabarle,
salvación mía y Dios mío.

(Salmos 42)

CÓMO APLICAR EL AUTODOMINIO EN TU VIDA
PARA OBTENER LAS MÁS RICAS BENDICIONES

Hace un tiempo, entrevisté a una mujer que había pasado unos dos meses en el hospital debido a, según sus palabras, una crisis nerviosa y unas úlceras sangrantes. Su problema era en esencia emocional. Me contó que su marido era peculiar; le daba cuarenta dólares a la semana para llevar la casa y comprar comida para sus dos hijos, y luego se preguntaba dónde iba a parar todo el dinero. No la dejaba ir a la iglesia porque pensaba que todas las religiones eran «estafas». A ella le encantaba la música, pero él no le permitía tener un piano en casa.

Ella obedecía las retorcidas órdenes de él, frustrando así sus propios deseos, talentos y capacidades innatos. Sentía un profundo resentimiento hacia su marido, y su ira y frustración reprimidas fueron las responsables de su crisis nerviosa y sus úlceras. Su marido le provocaba a ella un caos emocional debido a su estúpida, egoísta y mezquina oposición a sus ideas y valores.

De cómo la explicación fue la cura

Le expliqué a aquella mujer que el matrimonio no le da a nadie licencia para amenazar, intimidar ni reprimir las aspiraciones y la personalidad del otro. Le indiqué que en su matrimonio debía haber amor, libertad y respeto mutuos, y que tenía que dejar de ser tímida, dependiente, temerosa y sumisa. Debía volverse psicológica y espiritualmente madura y dejar de reprimir su personalidad.

Hablé con ambos cónyuges y le sugerí a cada uno que dejara de ser un carroñero (es decir, que dejara de fijarse en las carencias, debilidades y rarezas del otro), que empezara a ver las cosas buenas de su pareja y las cualidades maravillosas que admiraba cuando se casaron. El marido comprendió rápidamente que las crisis y hospitalización de su mujer se debían a la ira y resentimiento reprimidos. Ambos divisaron un plan mediante el cual la mujer podría expresarse musical y socialmente. También acordaron abrir una cuenta bancaria común basada en el amor y confianza mutuos.

He aquí la afirmación que le sugerí al marido:

De ahora en adelante, dejaré de intentar cambiar la personalidad de mi mujer. No quiero que sea una versión de mí mismo ni quiero que oculte sus talentos ni su personalidad. Irradio amor, paz y buena voluntad hacia ella. Mi deseo sincero es que la Inteligencia Infinita que habita en ella la gobierne, guíe y dirija en todos los sentidos y que el amor Divino fluya a través de su mente y su cuerpo en todo momento. La paz de Dios inunda su mente constantemente. Exalto a Dios en su seno. Afirmo que es feliz, alegre, que está sana y se expresa con Divinidad. Sé que mis pensamientos se ejecutan ellos mismos. Sé también que esta afirmación es un hábito y que, mientras siga pensando de esta manera habitualmente, me convertiré en un marido cariñoso, amable y comprensivo. Cuando piense en mi mujer, afirmaré con calma: «Dios te ama y cuida de ti».

A la mujer le sugerí la siguiente afirmación:

Vi unas cualidades en mi marido cuando me casé con él. Esas cualidades siguen ahí, y de ahora en adelante me identificaré con ellas y no con sus carencias. Sé, siento y afirmo que la Inteligencia Infinita lo conduce, guía y dirige en todos los sentidos. De manera regular y sistemática, exalto a Dios en su seno. La ley y orden Divinos gobiernan sus actividades. La paz Divina llena su alma. El amor Divino fluye a través de los pensamientos, palabras y actos que nos dirige a mí y a los niños. Dios lo ama y cuida de él. Tiene un gran éxito y Dios lo hace prosperar. Está inspirado desde lo Alto. Sé que todas estas cosas, reiteradas de manera regular y sistemática por mí, encuentran el camino a mi mente subconsciente; y que, cual semillas, crecen según su género. Cuando piense en mi marido, afirmaré de inmediato: «El Dios que está en mí saluda al Dios que está en ti».

Cómo la persistencia da buenos dividendos y conduce al autodominio

Tanto el marido como la mujer cumplieron su acuerdo y sus afirmaciones. Sabían que creen en algo es hacerlo realidad. En inglés, la palabra *believe* ('creer') se compone de *be* ('ser') y *alive* ('vivo'). En inglés antiguo, la palabra significa 'vivir en el estado vivo', que significa darle una realidad viva a esa vida. Al cabo de aproximadamente un mes, recibí una llamada de teléfono de la mujer, que me dijo: «Comprendí realmente las verdades que escribió usted para mí. Están grabadas en mi corazón [es decir, su mente subconsciente]». El marido añadió: «Ahora soy el señor de mis pensamientos, emociones y reacciones, al igual que mi mujer. El autodominio es algo real en nuestras vidas». Descubrieron que el poder infinito para una vida perfecta reside siempre en ellos mismos.

CÓMO UN JOVEN DESANIMADO GANÓ EN AUTOESTIMA Y RECONOCIMIENTO

Un joven me dijo una vez que se sentía constantemente ignorado en reuniones sociales y que en su trabajo nunca le daban la oportunidad de ascender. Añadió que invita a gente a su casa con frecuencia, pero que sus socios y otras personas nunca lo invitan a él. Había en su corazón un profundo y violento rencor hacia todo el mundo.

Mientras aquel joven con estudios dialogaba conmigo y me hablaba de su infancia y el ambiente que había en su casa, me informó de que había sido criado por un padre puritano de Nueva Inglaterra. Su madre había muerto en el parto. El padre, que era algo tiránico y despótico, le decía con frecuencia a su hijo: «No vales para nada. Nunca llegarás a nada. Eres tonto. ¿Por qué no eres listo como tu hermano? Me avergüenzo de tus notas del colegio». Descubrí que a quien realmente odiaba aquel joven era a su padre. Creció con un complejo de rechazo, y de manera inconsciente pensaba que no valía nada a ojos de los demás. Tenía una herida psíquica y era extremadamente sensible en lo referente a las relaciones humanas. Aquello iba acompañado de una expectativa y miedo subjetivos al rechazo de los demás, ya fuera en forma de afrenta maleducada o ninguneo.

Cómo desaparecieron sus complejos negativos

Le dije a aquel joven que, en mi opinión, vivía con un miedo constante al desprecio y el rechazo; además, estaba proyectando sobre los demás la animadversión y el resentimiento que sentía hacia su padre. De manera compulsiva, deseaba ser despreciado, rechazado o menospreciado por los comportamientos, actitudes o comentarios de otras personas o por instancias en que aparentemente otros eran objeto de mayor interés que él. Le expliqué la ley de su mente y le di un ejemplar de *El poder de tu mente subconsciente*. Le ofrecí también un plan de acción para superar el complejo de rechazo y tomar el control de su vida.

El plan práctico, paso a paso

El primer paso para resolver un problema de este tipo consiste en darse cuenta de que, al margen de cuáles hayan sido nuestras experiencias en el pasado, podemos erradicarlas por completo alimentando la mente consciente con verdades eternas y patrones de pensamientos vitalistas. Dado que la mente subconsciente es susceptible a las sugestiones y está controlada por la mente consciente, todos los patrones y complejos negativos, los miedos y los sentimientos de inferioridad pueden eliminarse. He aquí los cinco patrones vitalistas:

Reconozco la verdad de estas verdades. Soy hijo del Dios Viviente. Dios habita en mí y es mi ser real. A partir de este momento amaré al Dios que hay en mí. Amar significa honrar, respectar, jurar fidelidad y serle leal a la única Presencia y el único Poder. A partir de ahora respeto la Divinidad que moldea mis fines. Esta Presencia-Dios que hay en mí me creó, me sostiene y es el Principio Vital que habita en mi interior. La Biblia dice: «Amarás a tu prójimo como a ti mismo» (Levítico 19:18). El prójimo es lo más cercano a mí, o «Él está más cerca que la respiración; más cerca que las manos y los pies». Cada momento consciente del día, honro, exalto, glorifico y muestro un respeto sano y reverente por la Presencia Divina que hay en mí. Sé que cuando exalte y muestre un respeto sano y honesto por el Ser-Dios que hay en mí, automáticamente respetaré y amaré la Divinidad que hay en otra persona. Cuando sienta la tentación de criticar y hallar faltas en mí mismo, afirmaré de inmediato: «Honro, amo y exalto a la Presencia-Dios que habita en mí, y amo al Ser que soy yo más y más cada día». Sé que no puedo amar y respetar a los demás si antes no amo, honro, respeto y presto lealtad y devoción a mí Ser real —Dios— en mi seno, que es un poderoso sanador. Al honrar a Dios en mí, honraré la dignidad y realeza Divina de todos los hombres. Sé que al repetirlas de forma sentida, consciente y con fe, estas verdades acceden a mi mente subconsciente; y me siento subconscientemente compelido a expresar estas verdades, ya que la naturaleza de mi mente subconsciente es la compulsión. Aquello que quede grabado en ella, me veré compelido a expresar. Creo en esto implícitamente. ¡Es algo maravilloso!

El segundo paso consiste en reiterar estas verdades con frecuencia, tres o cuatro veces al día en momentos especiales, para establecer un hábito de pensamiento constructivo.

El tercer paso es nunca condenar, despreciar o menospreciarte a ti mismo. En cuanto pienses algo como «no valgo para nada», «estoy gafado», «nadie me quiere» o «no soy nadie», invierte inmediatamente el pensamiento diciendo: «Exalto a Dios en mi seno».

El cuarto paso consiste en imaginarte relacionándote con tus compañeros de manera amigable y afable. Imagina y escucha a tus jefes felicitándote por tu trabajo. Imagina que tus amigos te invitan con alegría a sus casas. Sobre todo, cree en tu imagen y su realidad.

El quinto paso es darte cuenta de que aquello que piensas o imaginas habitualmente se hará realidad, pues aquello que queda grabado en tu mente subconsciente debe expresarse en la pantalla del espacio en forma de experiencias, condiciones y acontecimientos.

Aquel joven siguió este método en detalle, consciente de lo que hacía y por qué. Al aprender sobre el funcionamiento de su mente subconsciente, ganó confianza en su día a día en lo que se refiere a la técnica y su aplicación. Poco a poco fue siendo capaz de purificar su subconsciente de todos sus traumas físicos tempranos. Ahora sus compañeros lo reciben en sus casas, y hasta ha sido invitado por el presidente y el vicepresidente de su empresa. Desde que adoptó estos procedimientos psicológicos, ha recibido dos ascensos y ahora es vicepresidente ejecutivo de su banco. Sabe que la aplicación del poder cósmico que habita en él le permite dominar las condiciones, experiencias y acontecimientos del pasado. Aquello en lo que crees es lo que te sucede.

CÓMO SE SUPERÓ UNA TOTAL INFELICIDAD CONYUGAL

Hace poco recibí una carta de una mujer de Texas que decía así:

Estimado señor Murphy:
He leído su libro *The Cosmic Power Within You* [*El poder cósmico que hay en ti*], que me ha ayudado mucho. Me gusta-

ría que me aconsejara acerca de un problema. Mi marido me critica constantemente empleando un lenguaje abusivo, sarcástico y virulento. Su mendacidad hace que me resulte imposible creerme nada de lo que dice. Duerme en una habitación distinta a la mía y no mantenemos ninguna clase de intimidad conyugal. No importa el tipo de trabajo comunitario que haga, siempre lo critica. En los últimos cinco años no hemos invitado a nadie a casa. Estoy llena de antipatía hacia mi marido, y temo que esté empezando a odiarlo. Lo he abandonado dos veces. Hemos ido a terapia espiritual y hemos buscado ayuda psicológica y orientación legal. Soy incapaz de comunicarme con él. ¿Qué puedo hacer?

Mi respuesta fue la siguiente:

Estimada _____:

No puedes permitirte estar resentida ni odiar a nadie en el mundo. Estos sentimientos o actitudes son venenos mentales que debilitan la mente por completo y te privan de paz, armonía, salud y buen juicio. Corroen tu alma y te destruyen física y mentalmente. Tú eres la única pensadora de tu mundo, y la responsable de tu concepción de tu marido eres tú, no él. Mi consejo es que dejes de intentar comunicarte con él y te entregues enteramente a Dios, sin condiciones. No está bien vivir una mentira. Es mejor deshacer una mentira que vivirla. Hay un momento en el que, después de haber hecho todo lo posible por solucionar un problema, debemos seguir el mandato de san Pablo: «Habiendo acabado todo, estar firmes»; es decir, se lo entregas a la Sabiduría Cósmica que hay en ti para que resuelva el problema. Has consultado a psicólogos, abogados y sacerdotes, sin duda con un ánimo bienintencionado, para intentar alcanzar una cura, pero parece ser que no hay solución a la vista. Centra tu atención en empresas constructivas y adopta una nueva actitud hacia tu marido, como: «Ninguna de estas cosas me altera».

He aquí un patrón de afirmación que, al seguirlo, te brindará resultados, pues el Poder Cósmico nunca falla:

Le entrego mi marido a Dios. Dios lo creó y lo sostiene. Dios le revela su auténtico lugar en la vida, en el que es Divinamente feliz y está Divinamente bendecido. La Sabiduría Cósmica le revela el plan perfecto y le muestra qué camino tomar. El Poder Cósmico fluye a través de él en forma de amor, paz, armonía, alegría y forma de actuar correcta. Recibo orientación Divina para hacer lo correcto y tomar la decisión adecuada. Sé que lo que es un buen acto para mí es un buen acto para mi marido; también sé que lo que es una bendición para uno es una bendición para todos. Cando pienso en mi marido, al margen de lo que diga o haga, me limito a afirmar conscientemente y con convicción: «Te he entregado a Dios». Estoy en paz con todo, y le deseo a mi marido todas las bendiciones de la vida.

Le aconsejé que cultivara una vida constructiva propia, expresando sus talentos y participando en proyectos comunitarios. Le recomendé que se mantuviera fiel a esta afirmación específica, y le expliqué que tales pensamientos Divinos purificarían su mente subconsciente de todo resentimiento y otros resquicios negativos y destructivos llenos de veneno alojados en su mente profunda. Todo ello se produciría de la misma manera en que el agua limpia logra, gota a gota y con constancia, purificar un cubo de agua sucia del que se pueda beber. Por supuesto, uno puede enchufar la manguera y obtener agua limpia más rápido. En términos figurados, la manguera sería la transfusión de amor Divino y buena voluntad al alma, produciendo una purificación inmediata. Sin embargo, el procedimiento habitual consiste en una purificación gradual.

Un interesante desenlace

El resultado de aquel proceso de afirmación es interesante, como revela la siguiente carta:

> Estimado doctor Murphy:
> Estoy tremendamente agradecida por su carta, consejo y técnica de oración, que he seguido al pie de la letra. Cuando mi marido se ponía sarcástico y pronunciaba groserías e invectivas, le bendecía afirmando con calma: «Te entrego a Dios». Me empezó a interesar el trabajo comunitario y el voluntariado en hospitales, y he hecho amigos en las seis semanas desde que empecé a utilizar la afirmación. Mi marido me pidió el divorcio la semana pasada, que le concedí alegremente. Ya hemos llegado a un acuerdo sobre el reparto de bienes de forma satisfactoria para ambos. Él se va a marchar a Reno y piensa casarse con una mujer que yo creo que le conviene. Yo también me he enamorado de un antiguo novio de mi infancia, con quien me encontré haciendo de voluntaria en un hospital. Nos casaremos en cuanto yo sea legalmente libre.

Indudablemente, Dios obra Sus maravillas de maneras misteriosas.

Capítulo 10

VIVE UNA VIDA SATISFACTORIA

EL DÍA DE ACCIÓN DE GRACIAS volé a la isla de Kauai para mezclarme con la gente, visitar distintas poblaciones y lugares pintorescos y, sobre todo, conocer a algunos hawaianos de pura cepa. Conocí a un guía que me presentó a muchos de sus amigos y me llevó a varias casas de la isla para que viera cómo vivían. Las personas que ocupaban aquellas casas me parecieron felices, alegres y libres. Son amables, generosas, increíblemente espirituales y rebosantes de la música y la risa de Dios. Me hallé delante de personas que, por medio del amor de Dios, viven de manera gloriosa en el espíritu de la Libertad Divina. En las páginas siguientes detallaré cómo tú también puedes establecer un patrón para una vida victoriosa.

CÓMO SE HALLÓ UN PATRÓN PARA LA VIDA VICTORIOSA

Mientras hacía unas compras en una aldea remota de la isla, mantuve una interesante conversación con un hombre que había llegado desde el continente unos años antes y que ahora es dueño de una tienda. Me contó que había sido alcohólico. Su mujer lo había abandonado, llevándose todo el dinero consigo (tenían una cuenta común). El hombre se había vuelto antipático, irascible y estaba lleno de odio, por lo que le resultaba muy difícil encajar en alguna empresa. Un amigo le sugirió que fuera a Kauai, contándole que era la isla más antigua del archipiélago de Hawái y que poseía una belleza inusual caracterizada por su frondosa vegetación y su diversidad floral. El amigo le habló de los profundos y coloridos cañones, las playas doradas y los ríos sinuosos, todo lo cual cautivó al hombre.

Cómo se produjo un cambio de actitud

El hombre trabajó unos meses en las plantaciones de caña de azúcar, pero un día cayó enfermo y estuvo ingresado en el hospital durante varias semanas. Cada día recibía la visita de los hawaianos, que le llevaban fruta, rezaban por él y mostraban un gran interés por su bienestar. Su amabilidad, amor y atención penetraron en el corazón del hombre, y él les correspondió emitiendo amor, paz y buena voluntad. Se convirtió en un hombre nuevo.

Un patrón para una vida perfecta

La fórmula de este hombre es muy sencilla; dicta que el amor siempre vencerá al odio y que la bondad siempre vencerá al mal, pues así es como funciona el universo. Me gustaría hacer un comentario sobre lo sucedido en términos psicológicos y espirituales en este caso. El corazón de aquel hombre estaba corroído por la amargura, la autocrítica y la misoginia. El amor, la amabilidad y las oraciones de sus compañeros de trabajo penetraron las capas de su mente subconsciente y eliminaron todos los patrones negativos alojados en ella, de modo que su corazón se llenó de amor y buena voluntad hacia todos. Descubrió que el amor es la solución universal. La afirmación que repite ahora constantemente es: «Vuelco el amor, la paz y la alegría de Dios sobre todas las personas que conozco cada día de mi vida». Cuanto más da, más recibe. Uno es más agraciado por dar que por recibir.

Una afirmación para vivir de manera gloriosa

Cuando abras los ojos todas las mañanas, afirma con convicción, sentimiento y comprensión:

Este es el día que ha creado el Señor; hay que regocijarse y ser feliz en él. Me regocijaré y daré las gracias por que mi vida esté guiada por la misma Sabiduría Eterna que guía el curso de los planetas y hace que brille el sol.

Voy a vivir la vida de forma gloriosa hoy y todos los días. Cada vez más, experimento el amor, la luz, la verdad y la belleza de Dios a lo largo de todo el día y a diario.

Voy a ser de gran ayuda a todas las personas que conozca y con quienes trabaje, y lo disfrutaré.

Voy a afrontar con un gran entusiasmo mi trabajo y las maravillosas oportunidades que tenga de servir a los demás.

Me regocijo y doy gracias por experimentar cada vez más el amor, la vida y la verdad de Dios a diario, y por que se manifieste con mayor frecuencia la gloria de Dios en mí.

Empieza cada día afirmando estas milagrosas verdades y cree que son ciertas. Aquello que creas y anticipes con fe se hará realidad, y las maravillas se manisfestarán en tu vida.

CÓMO MOVERTE Y HABLAR CON PAZ Y SERENIDAD

Conocí a un hombre extraordinario en Fern Grotto, donde los barqueros son famosos por cantar una inolvidable canción nupcial hawaiana. Tenía 96 años, caminaba a paso ágil y cantaba con energía las preciosas canciones de amor hawaianas en el barco que nos llevaba a la famosa gruta. Después del viaje me invitó a su casa, y esta resultó ser una experiencia excepcional. Cenamos pan de jengibre casero cortado en rebanadas gruesas, papaya, tartaleta de manzana, arroz, salmón asado y café de Kona cultivado en una de las islas vecinas.

Durante la cena, me habló de cómo se había convertido en un hombre nuevo por Dios, y a sus 96 años sin duda tenía esa apariencia. Sus mejillas rosadas denotaban una salud radiante y alegre, y sus ojos estaban llenos de luz y amor; la alegría se extendía por todo su rostro. Hablaba inglés, español, chino y japonés con fluidez, así como las lenguas de Hawái. Nunca he sido testigo de tal avalancha de sabiduría nativa, ingenio, chistes y buen humor.

Me quedé realmente fascinado, y al final le pregunté:

—Dígame su secreto para la vida y la felicidad. Parece rebosante de entusiasmo y energía.

—¿Por qué no habría de ser feliz y fuerte? —respondió—. Verá, soy el dueño de la isla y, sin embargo, no soy dueño de nada.

Y luego añadió:

—Dios lo posee todo, pero la isla entera y todo lo que hay en ella está para mi disfrute: las montañas, los ríos, las cuevas, la gente y los arcoíris. ¿Sabe cómo conseguí esta casa? —preguntó, antes de responder él mismo—: Un turista agradecido la compró y me la regaló. De otra forma, no la tendría.

Cómo Dios lo sanó

Añadió que hacía unos sesenta años se estaba muriendo de tuberculosis y le habían dicho que su caso no tenía remedio. Sin embargo, un kahuna (sacerdote nativo) lo visitó y les dijo a él y a su madre que viviría y que Dios lo sanaría. El kahuna cantó oraciones, le colocó las manos sobre la garganta y el pecho e invocó en su lengua nativa el poder sanador de Dios. Tras aproximadamente una hora de cánticos, le dijo que estaba completamente curado, y al día siguiente el hombre se fue a pescar. Desde entonces, me dijo, «no he sentido ningún tipo de dolor. Tengo unas piernas maravillosas. He caminado por todas estas montañas que ve. Además, tengo amigos amables y cariñosos, unos cuantos perros y cabras y esta isla maravillosa. Y llevo a Dios en el corazón. ¿Por qué no habría de ser feliz y fuerte?»

Este hombre se comporta y habla realmente con Dios, y al llevar a Dios en el corazón, es feliz todos los días. Este maravilloso hombre cultiva su tierra, cuida de sus cabras y ovejas, visita a los enfermos, asiste a todos los festivales y canta canciones de amor hawaianas que llegan al alma de la gente.

Su canción para la salud y la vitalidad

El único secreto que el kahuna compartió fue: «Canta el Salmo 100. Vive con estas verdades en el corazón por la mañana, a mediodía y por la noche, y nunca volverás a enfermar». Me cantó el Salmo, y nunca en mi vida he escuchado algo tan conmovedor, penetrante, hermoso y estremecedor. Era como si alguien tocara la melodía de Dios en tu plexo sacro.

Este es el Salmo de agradecimiento:

> «¡Canten alegres al Señor, habitantes de toda la tierra!
> Sirvan al Señor con alegría; vengan ante su presencia con
>   regocijo.
> Reconozcan que el Señor es Dios;
> él nos hizo, y no nosotros
> a nosotros mismos.
> Pueblo suyo somos y ovejas
> de su prado.
> Entren por sus puertas con acción
> de gracias,
> por sus atrios con alabanza. Denle gracias; bendigan su nombre
> porque el Señor es bueno.
> Para siempre es su misericordia,
> y su fidelidad por todas
> las generaciones».
>
> (SALMO 100:1-5)

Cómo la fe y la receptividad sanan

Dado que conoces las leyes de la mente, te será fácil comprender la impresión que el sacerdote kahuna tuvo en aquel hombre. Tenía fe absoluta en los poderes del kahuna y creía implícitamente que sería sanado. Su mente subconsciente respondió en consonancia con su creencia. A día de hoy, este hombre canta el Salmo 100 todos los días; su mente y su corazón se elevan agradecidos en reconocimiento de Dios, y hay una reacción automática de la Ley que le ofrece infinidad de bendiciones.

La ley del agradecimiento

Un corazón agradecido está siempre cerca de Dios, y dado que este hombre da las gracias a diario por su salud, abundancia, seguridad y sus muchas bendiciones, Dios multiplica su bien en gran medida. Esto se fundamenta en la ley de acción y reacción, que es cósmica y universal. La Biblia dice: «Acérquense a Dios, y él se acercará a ustedes» (Santiago 4:8). Thoreau dijo: «Debemos dar gracias por haber nacido». Canta y vive las verdades del Salmo 100 y conviértelo en un hábito. Escribe estas verdades en tu corazón repitiéndolas de manera calmada, amorosa y sincera. A medida que lo hagas, estas ideas hallarán la forma de llegar por medio de la repetición a las capas más profundas de tu mente y, cual semillas, crecerán según su género. Deja que ocurran maravillas en tu vida.

CÓMO UNA ABUELA MANTIENE UNA VIDA INSPIRADA Y ALEGRE

Durante un viaje en barco al famoso cañón Waimea, una garganta profunda de unos novecientos metros junto al río homónimo tuve la ocasión de hablar con una señora que se sentó a mi lado y que estaba llevando a sus dos nietas de excursión. La señora hizo un comentario sobre los preciosos colores de los distintos estratos del desfiladero y el follaje tropical que cubría ambos lados del cañón. Debo añadir que las sombras de las nubes en constante transformación ofrecían un espectáculo inolvidable. Aquella mujer hermosa y espiritual me contó que tenía más de noventa años y que jamás en su vida había estado enferma. Según ella, se debía a que «siempre voy bien rezada». Aquella mujer hawaina da clase en la iglesia los domingos, escribe poesía, rema, pesca, ordeña a sus vacas todos los días, da charlas a organizaciones de mujeres y está organizando ahora un viaje a Europa para veinte personas.

Me enseñó una tarjeta con estas palabras de Tennyson impresas en ella: «Oh, veo que la creciente promesa de mi espíritu no se ha posado. Antiguas fuentes de inspiración brotan aún por toda mi imaginación». En el otro lado de la tarjeta podía leerse el siguiente versículo bíblico: «Oh, todos los sedientos, ¡vengan a las aguas! Y los que no tienen dinero, ¡vengan, compren y coman! Vengan, compren sin dinero y sin precio vino y leche» (Isaías 55:1).

En la Biblia, *vino* hace referencia a la inspiración de lo Alto, cuando el Espíritu Santo fluye a través de uno y energiza y revitaliza su ser entero. La leche simboliza la nutrición. Tanto la mente como el cuerpo la necesitan. Alimenta tu mente con ideas que sanan, bendicen, elevan, inspiran y dignifican tu alma. Alimenta tu mente a diario con pensamientos de amor, paz, fe, confianza, éxito y la Divina forma de actuar bien. El precio que se paga es la atención, devoción y lealtad a estas verdades eternas.

Su secreto para una vida feliz

Aquella mujer halló el secreto para llevar una vida inspirada y alegre encarnando de corazón aquellas dos maravillosas citas hasta que se convirtieron en una parte viva de ella misma. Creía lo que afirmaba y vivía con la alegre expectativa de ello. Exudaba vitalidad, felicidad y buena voluntad. Descubrió que una comunión diaria con el Padre en su interior es la respuesta al Poder Cósmico para una vida perfecta.

UNA GRAN FIESTA ESPIRITUAL

Visité a una mujer famosa en la encantadora y exótica isla de Maui. Nos reunimos en su casa un grupo de personas distinguidas, y entre aproximadamente las diez de la mañana y las cuatro de la tarde estuvimos debatiendo sobre las leyes mentales y espirituales. Sus invitados estaban familiarizados con los libros *El poder de tu mente subconsciente* y *Miracle of Mind Dynamics* [*El milagro de la dinámica mental*]. A lo largo de mi vida no he conocido a un grupo de personas más entusiastas, felices y alegres. Sus corazones estaban animados por un fuego Divino. Hablaron de cómo superaron sus problemas creyendo en un poder mayor que sí mismos o que sus egos conscientes. Celebran jornadas sobre mis libros y escuchan mis grabaciones. Me hicieron preguntas que me encantaron y que demostraban un tremendo interés y perspicacia por los asuntos Divinos. Han descubierto que la alegría de vivir está en la contemplación regular y sistemática de las verdades de Dios.

LA SABIDURÍA Y ALEGRÍA INTERIOR DE LOS HAWAIANOS

He descubierto que los hawaianos son personas muy sabias, ya que a lo largo de los siglos han adquirido un amplio conocimiento esotérico no escrito. Un nativo de Maui que se sentó a mi lado en el avión que nos llevaba a dicha isla desde Kauai era un hawaiano de pura cepa y tenía conocimientos sobre meteorología, las corrientes, el oleaje y otras cosas más. Me informó de que era capaz de predecir maremotos, tormentas y erupciones volcánicas. Conoce el nombre de todas las frutas, flores y árboles de las islas y está familiarizado con las propiedades curativas de las hierbas.

Tiene la capacidad de leer mentes y sin duda es clarividente. Me dijo adónde me dirigía, mi nombre y mi dirección, y también tenía el don de la retrocognición, ya que me habló con toda precisión de cosas que me habían ocurrido en el pasado. Para poner a prueba su clarividencia, le pedí que leyera una carta que tenía guardada en el bolsillo, cosa que yo no había hecho aún. Reprodujo su contenido con precisión, como descubrí al leerla yo mismo después.

El hombre posee una sabiduría nativa. Está en contacto con su mente subconsciente, que sabe la respuesta a todas las preguntas. «Siempre que quiero saber algo —me dijo—, digo simplemente: "Dios, tú lo sabes. Dímelo". La respuesta siempre llega, porque tengo un amigo dentro de mí». Este hombre trabaja en los plantaciones de caña de azúcar, toca el ukelele, canta mientras trabaja y es evidente que está en sintonía con el Infinito. Realmente tiene un amigo en su interior y ha descubierto la alegría de la Presencia-Dios, que es su fuerza.

LA FÓRMULA MILAGROSA DE LOS SIETE PASOS

Durante mi estancia en Hawái, me reservé un día para entrevistarme con personas que deseaban verme en el hotel de Kauai en el que me hospedaba. La primera persona que vino a verme era un hombre al que había aconsejado unos años antes en el Royal Hawaiian Hotel de Honolulu. Entonces era un alcohólico al que habían declarado bebedor compulsivo. Se sometió a una desintoxicación, hipnosis y otras terapias. Me dijo: «He venido para darle las gracias, y no le quitaré más que unos pocos minutos. Me dijo que yo era el dueño de la botella y que esta no tenía ningún poder. Me dijo que dejara las coartadas y las excusas y me convirtiera en un hombre de verdad. Seguí la técnica que usted me indicó. Me perdoné a mí mismo y a los demás, y hoy tengo mi propia tienda, estoy casado, soy miembro de la congregación de la iglesia local y tengo dos hijos maravillosos. He venido simplemente a darle las gracias, nada más».

Me acordaba muy bien de él y de nuestra conversación en Honolulu. En aquel entonces, acababa de salir del hospital donde se había sometido a un tratamiento para su alcoholismo. He aquí la afirmación en siete pasos que le ofrecí y que transformó su vida:

1. Me perdono plena y libremente a mí mismo por haber sentido rencor, irritación y mala voluntad hacia los demás. Siempre que pienso en los demás, les deseo todas las bendiciones de la vida.
2. Soy el rey y dueño absoluto de mis pensamientos, palabras, actos, emociones y reacciones. Soy el monarca absoluto de mi reino conceptivo.
3. Deseo librarme por completo de este hábito. Lo digo en serio y con absoluta sinceridad. Sé que cuando mi deseo de dejarlo sea mayor que mi deseo de seguir, ya estaré curado en un 60 por ciento.
4. He tomado la decisión y sé que recibiré aquello que he decidido. Mi mente subconsciente sabe que soy sincero.

5. Empleo ahora mi imaginación correctamente. Sé que este poder es la fuerza primitiva de la humanidad y la mayor de todas mis facultades. Tres veces al día y durante tres o cuatro minutos, proyectaré una película en mi mente en la que vea a mi madre felicitarme por mi salud perfecta y mi libertad. Escucho su voz y siento su abrazo, y me sumerjo en la alegría de todo ello. Cuando me sienta tentado, reproduciré inmediatamente esta película mental en mi cabeza. Sé que dicha imagen mental está respaldada por el poder de Dios.

6. Sé lo que estoy haciendo y por qué. Sé que lo que recibo depende de mi fe. Sé que creer es aceptar que algo es verdadero. Sé que mi deseo es auténtico, que mi imagen mental es real y que el poder que la respalda es el de Dios. Sé que todo el poder de Dios se dirige al centro de mi atención.

7. Soy libre ahora y doy gracias.

Le he ofrecido esta fórmula milagrosa en siete pasos a muchos alcohólicos, víctimas del LSD y la marihuana y otros tipos de adictos. Es posible superar cualquier hábito negativo siguiendo estos sencillos principios. El hombre de mi historia ahora es feliz, alegre y rebosa vitalidad. He asistido a una cena en su casa, donde las hojas de las palmeras se agitaban con suavidad por las brisas errantes, las olas rompían en la playa y retrocedían, dejando tras de sí espuma en la arena, nos rodeaban brillantes flores tropicales. La papaya y limón helados eran dulces como el néctar de los dioses, y el poi, su plato más característico, tenía un delicioso sabor a nuez moscada y a canela. La atmósfera entera de la casa estaba presidida por la belleza, la serenidad y la alegría de vivir. El hombre y su familia rezaron antes y después de cenar para dar gracias por todas sus bendiciones, y las canciones de amor y música hawaianas llenaron el lugar. Realmente había accedido a lo que conocenmos como poder infinito para una vida perfecta.

CÓMO ACANZAR LA ALEGRÍA DE VIVIR

Desde hace un tiempo, hablo por correspondencia con una chica de esta isla a la que llamaré Mary. Ha estado estudiando el libro *El poder de tu mente subconsciente*, que le hice llegar hace unos meses. En la primera carta que me envió a mi casa de Beverly Hills, me dijo que era presa de un miedo anormal y que estaba estancada.

Había roto su compromiso de boda con un joven, y él había respondido informándola de que un kahuna le había lanzado una maldición. Desde entonces, ella vivía con un miedo constante. Yo le escribí para explicarle que solo existe Un Poder, y que este Poder se mueve en forma de unidad y armonía en el mundo; que Dios es un Espíritu Único e Indivisible, y que una parte del Espíritu no puede ser antagónico de otra de sus partes. Por lo tanto, no tenía nada que temer. Le escribí una técnica espiritual para que la siguiera y poner fin a todos sus miedos.

En la entrevista que mantuve hoy con ella, me encontré con una personalidad radiante, con una joven que exuda vitalidad, rebosante de entusiasmo y alegría y llena de novedosas ideas para la isla. Me ha dicho: «Seguí las instrucciones que puso en su carta y he sido transformada por una luz interior».

A continuación está el régimen espiritual que puso en práctica varias veces al día, tal y como le sugerí en mi carta:

Dios está allí entero. Uno con Dios constituye una mayoría. «Si Dios es por nosotros, ¿quién contra nosotros?» (Romanos 8:31). Sé y creo que Dios es el Espíritu Viviente Todopoderoso —el Inmortal, el Omnisciente— y que ningún poder puede desafiar a Dios. Sé y acepto completamente que, cuando mis pensamientos son los pensamientos de Dios, el poder de Dios está con mis pensamientos del bien. Sé que no puedo recibir lo que no puedo dar, y ofrezco pensamientos de amor, paz, luz y buena voluntad a mi exnovio y a todos los relacionados con él. Estoy inmunizada e intoxicada por Dios, y siempre estoy rodeada por el círculo sagrado del amor Divino. La armadura entera de Dios me rodea y envuelve. Recibo orientación y dirección Divinas, y me sumerjo en la alegría de vivir. «En tu presencia hay plenitud de gozo, delicias en tu diestra para siempre» (Salmo 16:11).

Empezó a repetir estas verdades de manera regular y sistemática durante unos diez minutos por la mañana, por la tarde y por la noche sabiendo, creyendo y comprendiendo que, a medida que las afirmaba, irían penetrando en su mente subconsciente por medio de un proceso de ósmosis espiritual, y estas se manifestarían en forma de libertad, paz interior, sensación de seguridad, confianza y protección. Sabía que estaba aplicando una ley de la mente que nunca falla. Al cabo de diez días, todo miedo desapareció. Ahora tiene un trabajo maravilloso aquí en la isla. Me presentó a su nuevo prometido, y lo que este me dijo fue: «Ella es la alegría de mi vida». Aquella joven que había estado prácticamente paralizada por el miedo a una supuesta maldición fluye ahora hacia fuera, ofreciendo sus talentos tras haber alcanzado la alegría de vivir.

El significado de kahuna

La mayoría de los hawaianos de esta y las demás islas afirma que ya no hay kahunas, y casi nadie está dispuesto a hablar de ellos. Sin embargo, existe lo que se denomina *kahuna blanco*, un hombre que practica magia blanca o lanza hechizos buenos por medio de conjuros y conocimientos esotéricos. Uno de mis guías hawaianos me explicó que estos kahunas reciben formación desde la infancia de la mano de sus mayores, que los someten a una severa disciplina y secretismo. Muchos de ellos son muy respetados por sus poderes sanadores, que practican a través de lo que hoy llamaríamos el conocimiento de la mente subconsciente. También poseen conocimientos de las propiedades curativas de determinadas hierbas y plantas. Mi guía, que parecía más dispuesto que otros a hablar del asunto, me indicó que algunos de los kahunas son muy temidos por ser *kahuna anaanas* (es decir, aquellos que trataban con la muerte o la magia negra).

La mujer de la que he hablado hace un momento aprendió que las amenazas, las sugestiones negativas y las afirmaciones de los demás no tienen ningún poder para crear las cosas que sugieren. Tú eres es el único pensador de tu universo. Es tu pensamiento el que es creativo. Piensa en el bien y se producirá el bien; piensa en el mal y se producirá el mal. Únete a Dios. Cuando tus pensamientos son los pensamientos de Dios, el Poder de Dios estará con tus buenos pensamientos. Recuerda que «uno con Dios constituye una mayoría» y que «si Dios es por nosotros, ¿quién contra nosotros?» (Romanos 8:31).

Capítulo 11

HAZ QUE EL PODER INFINITO
ESTÉ DE TU LADO

UNA DE LAS CLAVES para entender la vida es darse cuenta de que todo viene en pareja. Toda acción consiste en una relación entre opuestos. Una combinación de fuerzas vitales masculinas y femeninas creó el universo. Emerson dijo cada vez: «Hallamos la polaridad, o la acción y la reacción, en toda parte de la naturaleza». Como espíritu y materia, masculino y femenino, positivo y negativo, enfermedad y salud, amor y odio, noche y día, calor y frío, dentro y fuera, dulce y salado, arriba y abajo, norte y sur, subjetivo y objetivo, movimiento y reposo, sí y no, éxito y fracaso, o tristeza y alegría. El espíritu y la materia no son más que dos aspectos de la Realidad Única. La materia es espíritu reducido a un estado visible. La materia es el grado más bajo del espíritu, y el espíritu es el grado más alto de la materia. Estos opuestos de la vida son manifestaciones del Ser Único y son necesarios para experimentar la vida.

En el estado absoluto no existe la diferenciación, el contraste ni la relación establecida. Subsiste en un estado de unidad. Cuando el Absoluto se volvió relativo (es decir, cuando Dios creó el universo), Él creó los opuestos para que pudiéramos experimentar la sensación, la función y el sentimiento de estar vivos. Necesitamos el sentimiento y la sensibilidad para tener conciencia de estar vivos. Conocemos por contraste la diferencia entre calor y frío, altura y profundidad, longitud y anchura, dulce y salado, depresión y éxtasis, masculino y femenino, y subjetivo y objetivo. Todos estos opuestos son mitades del Ser Único, que es pleno, perfecto e indivisible.

CÓMO LOS PENSAMIENTOS VIENEN EN PAREJA

Un chico de doce años que escucha mi programa de radio por las mañanas le dijo a su madre que iba a visitar a su tío en Australia durante las vacaciones escolares. Sus ganas de ir eran fuertes, pero en contraste también pensaba: «Mamá no me dejará ir». Su madre le dijo: «Es imposible. No tenemos dinero. Tú padre no puede permitírselo. Estás soñando».

Sin embargo, el hijo le contó que había escuchado en mi programa de radio que, si uno desea hacer algo y cree que la Inteligencia Creativa en su interior lo hará realidad, su oración será escuchada. Su madre le contesto: «Adelante, reza». El chico llevaba tiempo leyendo mucho sobre Nueva Zelanda y Australia; en este último tenía su tío un gran rancho.

Rezó de la siguiente manera: «Dios despeja el camino para que papá, mamá y yo vayamos a Australia durante las vacaciones. Creo en ello y Dios se ocupa de ello ahora». Cuando le venía a la mente la idea de que sus padres no tenían dinero suficiente para viajar, afirmaba: «Dios despeja el camino». Sus pensamientos iban en pareja, pero centró su atención en el pensamiento constructivo y el negativo fue desvaneciéndose.

Viajó de manera astral

Una noche, tuvo un sueño en el que se halló en el rancho de su tío en Nueva Gales del Sur, donde vio miles de ovejas y estuvo con su tío y sus primos. Cuando despertó a la mañana siguiente, le describió la escena a su madre, para asombro de esta. Ese mismo día recibieron un telegrama del tío invitándolos a los tres a su rancho y ofreciéndose a ocuparse de los gastos del viaje. Ellos aceptaron.

El intenso deseo del chico de visitar a su tío actuó sobre su mente subconsciente a modo de mandato mientras dormía, y, por medio de su cuerpo de la cuarta dimensión, viajó de manera astral hasta el rancho. El chico me contó que lo que vio al llegar al rancho acompañado de sus padres coincidía exactamente con lo que había visto en su proyección astral mientras dormía. Por lo tanto, recibió aquello que creyó.

CÓMO EL MIEDO A UN SEGUNDO MATRIMONIO FUE ANIQUILADO

Una joven me dijo una vez: «Deseo casarme, pero temo que atraeré al hombre equivocado y repetiré los mismos errores de mi matrimonio anterior». El miedo era una fuerza que entraba en conflicto con su deseo, y parecía ser muy dominante. Le expliqué que todo viene en pareja. Por ejemplo, si uno piensa en la salud, le vendrá a la mente la idea de la enfermedad; si uno piensa en la riqueza, le vendrá a la mente la idea de la pobreza; si hablamos del buen corazón, pensaremos en el mal corazón, y así con cualquier otra cosa.

Le dije que la manera de imponerse al pensamiento negativo era ignorar por completo la idea del miedo y hacer que su mente superara la oposición contemplando la alegre realización de su matrimonio con el hombre adecuado.

La técnica empleada para la alegre realización

Le sugerí la siguiente afirmación:

> Sé que solamente existe Un Poder Todopoderoso, que no conoce oposición. No hay nada que se le oponga, lo desafíe ni debilite. Es invulnerable e invencible, y ahora decreto que atraigo al hombre adecuado, que se funde conmigo espiritual, mental y físicamente. Presto mi atención de todo corazón a esta idea en mi mente, confiando en que la ley de mi subconsciente la hará realidad.

Cuando el pensamiento atemorizante le venía a la mente, afirmaba: «Dios se está encargando de mi petición». Al cabo de unos pocos días, el miedo perdió toda su fuerza y desapareció. La mujer dio vida a su ideal alimentándolo y nutriéndolo con fe y confianza en su mente.

Cómo encontró el cuerpo (astral) de su futuro marido en la cuarta dimensión

Todas las noches de tu vida, al dormir accedes a la siguiente dimensión de la vida, la *cuarta dimensión*, que se entrelaza con este plano. Poco después de empezar a practicar su técnica de afirmación, la mujer tuvo un sueño muy vivo en el que yo oficiaba su boda en mi casa. Percibió a su futuro marido y me escuchó pronunciar su nombre y pedirle que repitiera los votos de la ceremonia. Fue todo muy vívido y real. La mujer sintió que estaba en mi casa y tocó la estatua de Buda que hay en ella, así como los cuadros colgados en las paredes.

Con gran alegría y felicidad, la mujer despertó y me llamó por teléfono para contarme lo que había ocurrido mientras dormía. Me describió la estancia en la que celebro bodas con todo lujo de detalle. Yo le expliqué que, mientras dormía había viajado hasta mi casa en su cuerpo (astral) de la cuarta dimensión, que está supercargado de unos electrones extraños y atenuados que vibran a una tremenda velocidad y que son capaces de penetrar las paredes. Le indiqué que, sin duda, la boda ya había tenido lugar en la siguiente dimensión de la mente y que su propia convicción y conciencia interior la harían realidad.

El toque final a su viaje astral

Aquella joven, que trabaja de secretaria para una gran empresa, recibió una invitación de la esposa de uno de los ejecutivos. La anfitriona le presentó a su hijo, ¡que resultó ser el hombre que había visto en su sueño! Él le dijo: «Te he visto antes». Procedió a hablarle de su sueño de una boda oficiada por un extraño pastor en un hogar privado, cosas que nunca antes había visto. Resultó que habían tenido sueños idénticos, y más tarde yo mismo oficié su boda, que coincidió en detalle con aquella experiencia conjunta en la cuarta dimensión.

Mi explicación es que aquella mujer, al pensar con interés en el tipo de hombre con el que deseaba casarse, grabó la idea en su mente subconsciente, la cual, a su vez, representó su contenido a modo de ensayo en la cuarta dimensión, ya que todo lo que sucede objetivamente debe ocurrir subjetivamente primero. La Inteligencia Infinita de su mente subconsciente los unió tanto en la cuarta dimensión como en la tercera.

POR QUÉ ERES TU PROPIO LEGISLADOR A LA HORA DE TENER EXPERIENCIAS BUENAS O FRUSTRANTES

Tus pensamientos, concepciones y opiniones habituales evocan determinadas emociones en tu interior que luego se graban en tu mente subconsciente, y automáticamente repites esos patrones en tu vida como un autómata o algún tipo de robot. La ley de tu mente opera de tal modo que cualquier cosa que grabes en tu mente subconsciente se manifiesta como experiencia, condiciones y acontecimientos en tu vida. Tus pensamientos (buenos o malos) son el bolígrafo mental con el que escribes continuamente en tu mente profunda, llamada libro de la vida. Esta es la razón por la que estableces leyes, normas y regulaciones para ti mismo. Si conoces esta ley, procederás a escribir en tu mente pensamientos de éxito, felicidad, paz, armonía, abundancia, forma de actuar correcta y seguridad, lo que te conducirá a una vida plena y feliz.

CÓMO UN VENDEDOR SE LIBRÓ DE SU «GAFE»

Un vendedor me dijo una vez que llevaba cuatro días seguidos sin poder hacer una sola venta y que estaba seguro de que tenía en su contra una estrella malévola o una maldición, ya que, cada vez que llamaba a un cliente, este le decía: «Hoy no necesito nada» u «Hoy no puedo reunirme con usted».

El vendedor se enfadó consigo mismo, diciéndose: «Estoy perdiendo facultades, las cartas están en mi contra, soy un fracasado». Aquellas afirmaciones cargadas de temor se alojaron en su mente subconsciente, y esta, que se guía por una ley impersonal, respondió de manera automática trasladando sus miedos y creencias interiores al mundo exterior. En otras palabras, el hombre decretó una respuesta mecánica de su mente subconsciente enfocada en el derrotismo y el fracaso, acompañados de autocrítica y autoflagelo.

Cómo halló la victoria dentro de sí mismo

Lo que le dije fue que el primer paso para la restauración del éxito y la buena fortuna consistía en abandonar por completo la autocrítica, buscar a la Presencia-Dios en su interior y optar por la orientación Divina, la forma correcta de actuar, la armonía y la abundancia. Le expliqué que poseía la capacidad de idealizar e imaginar de manera constante el éxito, los logros y la victoria; si empleaba aquella habilidad, su mente profunda actuaría en consecuencia. Empezó a entender con mayor claridad que sus pensamientos e imágenes mentales podían transformar su condición, experiencia y sensaciones.

El vendedor invirtió la corriente que avanzaba en su contra entendiendo y aplicando la afirmación que sigue:

A partir de este momento, espero tan solo lo mejor, y sé que recibiré lo mejor igualmente. Sé que la buena fortuna viene a mí de muchas maneras. Cuando esté tentado a condenarme o menospreciarme, afirmaré inmediatamente: «Exalto a Dios en mi seno, quien me guía y me cuida en todos los sentidos». Sé que mi verdadera naturaleza es Divina y que

Dios habita en mí y me hace prosperar de todas las maneras. Decreto el éxito, la abundancia y los logros. El amor Divino me antecede en todos los sentidos y prospero más de lo que jamás hubiera soñado.

El vendedor reacondicionó su mente reiterando estas verdades con frecuencia, y retomó su antigua senda mejorando el servicio que prestaba y aumentando sus ventas y su buena fortuna.

EL PATÉTICO CASO DE UN ESTUDIANTE DE MEDICINA MIEDOSO

He aquí parte de una carta que recibí de un estudiante de medicina. Escribió: «Estoy a punto de estallar. Odio a uno de mis profesores. Temo realmente que me suspenda y ser una vergüenza para mis padres. Me desprecio a mí mismo. Soy morboso e introspectivo. Temo explotar ante el profesor y que entonces esté perdido. Estoy completamente atemorizado».

Le dije que viniera a verme, ya que una consulta personal es siempre más fructífera que una larga disertación por carta. Al hablar con él, descubrí que el joven estudiante de medicina sentía que debía suspender. Su miedo me reveló que, de manera inconsciente, creía en su interior que debía ser castigado y que el profesor debía suspenderlo porque sencillamente no valía para nada. Me reconoció que todo ello era cierto. Lo que en realidad estaba haciendo era proyectar su miedo y autocrítica hacia su profesor, sus padres e incluso la universidad, mientras en el fondo se decía a sí mismo: «Debería suspender».

La base de su frustración

¿Por qué quería aquel joven ser médico y, al mismo tiempo, muy en el fondo, quería también suspender el examen? Se había criado en un hogar con un padre tiránico y despótico, y donde este estaba continuamente enfrentado a su madre. El padre marcaba estándares demasiado altos, tanto en los estudios como en todo lo demás, y el chico, incapaz de alcanzar dichos estándares, sentía que no valía para nada y que era un fracasado. De joven se despreciaba a sí mismo y se sentía «rechazado», dominado por la autocompasión y la autocrítica; de adulto *no dejaba de repetir* aquella sensación de rechazo y autonegación. Cuando alguno de sus profesores se mostraba crítico con su trabajo, revivía sus antiguas lesiones y los traumas psíquicos o pensamientos lesivos de su juventud. Sentía que no valía y que debía ser castigado, con lo que buscaba hacerse daño y tirar por la borda cuatro años de estudios médicos.

Tras comprenderse mejor a sí mismo y darse cuenta de que a menudo proyectamos nuestros miedos, animosidad y autocondenación sobre otras personas, sobre el entorno y sobre fuerzas invisibles, entendió de pronto los nefastos efectos de decirse: «No valgo para nada, soy un fracasado, debería ser castigado, soy un inútil, debería tirarme a un río». Se dio cuenta de que todos estos pensamientos negativos eran mandatos que le lanzaba a su mente subconsciente, que actuaba en consecuencia. Al decir que no valía, su subconsciente se encargaba de que no le fueran bien sus exámenes, sus relaciones con la gente, sus estudios y su contacto con el mundo en general. Siguiendo esa senda, además, cabía la posibilidad de que atrajera accidentes, pérdidas y fracasos.

La cura liberadora

Al tener formación médica, y tras reflexionar, vio de inmediato la causa de su enfermedad y empezó a afirmar con convicción:

La presencia de Dios es mi verdadera naturaleza. Esta presencia es toda dicha, armonía y alegría, es indivisible, perfecta, plena, atemporal, inmortal y omnipotente. Este es mi verdadero ser, que es el mismo ayer, hoy y siempre. Este es el «yo soy» que habita en mí: el principio vital, el poder supremo y soberano, creador de todas las cosas visibles e invisibles.

Mi otro ser —mi personalidad— se basa en mi formación, adoctrinamiento y acondicionamiento tempranos, en el pensamiento y creencias de mis padres, parientes, profesores y otras personas que implantaron miedos, supersticiones y otras falsas creencias en mi mente cuando era demasiado joven para rechazarlos. Puedo cambiar esta personalidad mía. Lo estoy haciendo ahora mismo, y seguiré ofreciéndole a mi mente subconsciente patrones vivificadores de pensamientos e imágenes mentales afirmando:

«El amor de Dios llena mi subconsciente, destruyendo cualquier patrón de miedo negativo. El río de paz de Dios inunda mi mente. Estoy lleno de fe y confianza en la bondad de Dios, y sé que Dios me guía en todos los sentidos y que la forma correcta de actuar me gobierna. Irradio amor y buena voluntad sobre mis profesores y todos los que me rodean. Me alineo con el océano Infinito del amor, el poder y la belleza, y sé que estoy purificado y pleno. Dios me ama y cuida de mí, y, cuando me acerco a él, él se acerca a mí».

Aquel estudiante de medicina volvió a la universidad como un hombre nuevo y transformado, y me escribió una carta encantadora en la que me decía: «Ahora entiendo el significado de "La luz disipa la oscuridad", y sé también lo que pasa con el crucigrama cuando conoces la respuesta. Utilizo la afirmación regularmente. Soy un hombre nuevo».

Este médico en ciernes podría haber añadido lo que le ocurre a los resquicios venenosos del subconsciente llenos de autocompasión, autonegación y autocastigo cuando permites entrar al océano Infinito del amor, la luz, la verdad y la belleza en el arroyo contaminado de la mente. Se purifican y se vuelven plenos.

Descubrió las dos naturalezas que habitan en él: el hombre natural (el hombre de los cinco sentidos), normalmente condicionado por la herencia, el entorno y falsas creencias teológicas; y el hombre espiritual, que hace referencia a la presencia de Dios llamado «yo soy» en la Biblia, que alude a un ser puro, al principio vital. Exaltó los poderes espirituales que había en él y se alineó mentalmente con ellos, haciendo que estas fuerzas Divinas gobernaran sus pensamientos, sentimientos, creencias, acciones y reacciones. Entonces la vieja personalidad murió y nació el hombre nuevo en Dios.

Tus pensamientos vienen en parejas. Los pensamientos agresivos de la persona de los cinco sentidos o material deben ser destruidos, y la idea de Dios debe resucitar y vivir en ti. «Y yo, cuando sea levantado de la tierra, atraeré a todos a mí mismo» (Juan 12:32).

Capítulo 12

RECARGA TUS PILAS MENTALES Y ESPIRITUALES

HACE UN TIEMPO, mantuve una conversación con un hombre de negocios que me dijo: «¿Cómo puedo lograr una mente serena en un mundo atribulado y confuso? Sé que hay un refrán que dice: "Se necesita una mente serena para cumplir las tareas". Estoy confuso y preocupado, y la propaganda de los periódicos, la radio y la televisión me está volviendo medio loco».

Le dije a aquel hombre que trataría de arrojar algo de luz sobre su problema, ofrecerle una medicina espiritual que aliviara sus miedos y ansiedades y ayudarlo a lograr una mente serena que lograra cumplir las tareas. Le señalé que, si sus pensamientos se centraban mañana, tarde y noche en guerras, crímenes, enfermedades, accidentes y desgracias, automáticamente desarrollaría un estado de ánimo dominado por la depresión, la ansiedad y el miedo. Si, en cambio, dedicaba parte de su tiempo y de su atención a las leyes y principios eternos que gobiernan el cosmos y la vida, automáticamente se elevaría y alcanzaría la seguridad y serenidad interiores.

Su medicina espiritual

Como resultado de mis consejos, aquel hombre empezó a llenar su mente de las siguientes verdades tres veces al día:

«Los cielos cuentan la gloria de Dios, y el firmamento anuncia la obra de sus manos» (Salmo 19:1). Sé que la Inteligencia Suprema dirige el curso de los planetas y que controla y dirige el universo entero. Sé que existe una Ley y un Orden Divinos que actúan con total certeza y moldean el mundo entero, haciendo que las estrellas aparezcan cada noche en el cielo y regulando las galaxias en el espacio; y que Dios reina sobre el universo. Me traslado mentalmente a la quietud de mi propia mente y contemplo estas verdades eternas de Dios:

«Tú guardarás en completa paz a aquel cuyo pensamiento en ti persevera; porque en ti ha confiado». (Isaías 26:3).

«La paz les dejo, mi paz les doy. No como el mundo la da yo se la doy a ustedes. No se turbe su corazón ni tenga miedo». (Juan 14:27).

«Porque Dios no es Dios de desorden, sino de paz». (1 Corintios 14:33).

«Y la paz de Cristo gobierne en su corazón». (Colosenses 3:15).

Centrarse en las cosas importantes de la vida

El hombre de negocios dio la espalda a las preocupaciones del día a día y se centró en los grandes principios y las grandes verdades de la vida; las contempló y centró su atención en ellos. Se olvidó de las cosas pequeñas y empezó a pensar en lo grande, lo maravilloso y lo bueno. Cuando dejó atrás las dificultades y los problemas del mundo y se negó a describirlos o siquiera hablar de ellos, su ansiedad y su preocupación disminuyeron, y desarrolló una mente serena en medio de un mundo atribulado. Decidió dejar que la paz de Dios reinara en su corazón. En consecuencia, su negocio prosperó gracias a las buenas decisiones que empezó a ser capaz de tomar.

CÓMO UNA MADRE ACOSADA SE IMPUSO A SUS «PROBLEMAS DEL CORAZÓN» Y LOS AGRAVIOS

Una joven ama de casa padecía insomnio y unas palpitaciones constantes. Estaba segura de que sufría una afección cardíaca, y estaba deprimida y daba rienda suelta constantemente a su ira, impaciencia y hostilidad hacia su marido y sus hijos. Los titulares de los periódicos la molestaban enormemente, y escribía cartas críticas y tóxicas a su congresista. Yo la envié a que visitara a un cardiólogo, el cual le dijo que no tenía ningún problema a nivel orgánico, pero que estaba llena de conflictos emocionales y rabia hacia el mundo.

Yo le expliqué que la ira y confusión emocional que sentía hacia su familia y los demás se disolvería cuando empezara a seguir un patrón de afirmación, y que, a medida que sintonizara con la Presencia y Poder Infinitos, quedaría bañada y saturada de orden, armonía, amor y calma, a medida que accediera a un periodo de contemplación serena de las cosas Divinas. También le expliqué que entonces podría esperar una respuesta automática de su mente profunda, que le daría estabilidad, serenidad y calma; además, empezaría a mostrar buena voluntad hacia todo el mundo. Recalqué que debía dejar de hablar por completo de sus afecciones, preocupaciones y ansiedades respeto al estado del mundo, ya que eso solo magnificaría sus problemas internos y empeoraría su afección. Y es que la mente siempre amplifica aquello sobre lo que medita.

Una técnica para la estabilidad y calma interiores

La mujer se concentró en los siguientes versículos sanadores de la Biblia, consciente de que, cuanto más practicara, más penetrarían aquellas verdades en su subconsciente, haciendo que fuera más radiante, feliz, alegre y libre. He aquí los versos que escribí para ella:

«¿No te he mandado que te esfuerces y seas valiente? No temas ni desmayes, porque el Señor tu Dios estará contigo dondequiera que vayas».
(JOSUÉ 1:9).

«Y sabemos que Dios hace que todas las cosas ayuden para bien a los que aman a Dios…».
(ROMANOS 8:28).

«Echen sobre Él toda su ansiedad porque Él tiene cuidado de ustedes».
(1 PEDRO 5:7).

«El Señor es mi pastor; nada me faltará. En prados de tiernos pastos me hace descansar. Junto a aguas tranquilas me conduce. Preparas mesa delante de mí en presencia de mis adversarios. Unges mi cabeza con aceite; mi copa está rebosando.

Ciertamente el bien y la misericordia me seguirán todos los días de mi vida, y en la casa del Señor moraré por días sin fin». (Salmo 23:1, 2, 5, 6).

Al centrar su atención en este alimento espiritual, encontró rápidamente la paz que sobrepasa todo entendimiento.

Cómo mantener una mente serena

Muchos profesionales de distintas confesiones religiosas me han informado de que hacen retiros de manera regular y periódica, donde asisten a charlas sobre Dios, la afirmación y el arte de la meditación, después de lo cual se someten a un periodo de silencio. Tras meditar por la mañana, se les dice que reflexionen sobre lo que han escuchado y permanezcan en silencio durante varios días, incluso durante las comidas. En ese tiempo, se los anima a reflexionar con tranquilidad y en silencio sobre las instrucciones y meditaciones impartidas cada mañana.

Todos ellos me han contado que salen de esos retiros renovados, refrescados y realimentados espiritual y mentalmente. Tras regresar a sus oficinas, fábricas y vidas profesionales, siguen reservándose periodos de tranquilidad diarios de entre quince y veinte minutos, tanto por la mañana como por la tarde, y han comprobado que estas palabras de la Biblia son ciertas: «Y la paz de Dios, que sobrepasa todo entendimiento, guardará sus corazones y sus mentes...» (Filipenses 4:7).

Los beneficios de recargar las pilas mentales y espirituales

Tras cargar sus pilas mentales y espirituales, estos hombres y mujeres son capaces de encarar y sobrellevar los problemas, frustraciones y disputas de cada día con fe, coraje y confianza. Saben dónde renovar su poder espiritual: conectando serenamente, como dice Emerson, con el Infinito que se expande en un agradable reposo. La energía, la fuerza, la inspiración, la orientación y la sabiduría surgen del silencio y la quietud de la mente cuando esta se encuentra en sintonía con Dios. Estas personas han aprendido a relajarse y a renunciar a su orgullo egoísta. Han reconocido, honrado y apelado a la sabiduría y la fuerza que crearon todo lo visible e invisible y que gobiernan sobre todas las cosas de forma incesante, infinita y eterna. Han optado por seguir el camino de la sabiduría. «Sus caminos son caminos agradables y en todas sus sendas hay paz» (Proverbios 3:17).

La mente serena está a tu alcance

Si te ofrezco un libro como regalo, debes estirar la mano para recibirlo. Del mismo modo, dado que todas las riquezas de Dios habitan en ti, debes hacer cierto esfuerzo para reclamarlas. Dios es el donante y el don, pero tú eres el receptor. Abre tu mente y tu corazón y deja entrar el río de la paz de Dios. Deja que llene tu mente y tu corazón, pues Dios es la paz.

Contempla los siguientes versículos del Salmo 8 y descubrirás que el río profundo de la vida, el amor, la quietud y la ecuanimidad cubre las áreas baldías de tu mente y ofrece descanso a la mente inquieta:

«Cuando contemplo tus cielos, obra de tus dedos, la luna y las estrellas que tú has formado, digo: "¿Qué es el hombre, para que de él te acuerdes; y el hijo de hombre, para que lo visites?". Lo has hecho un poco menor que los ángeles, y lo has coronado de gloria y de esplendor. Le has hecho señorear sobre las obras de tus manos; todo lo has puesto debajo de sus pies». (SALMO 8:3, 4, 5, 6).

Meditar sobre las verdades eternas contenidas en este Salmo y la naturaleza inconmensurable del universo al que pertenecemos, la Mente Infinita y la Inteligencia Infinita, que nos creó y nos anima y sostiene, y que se mueve de forma rítmica, armoniosa, incesante y con precisión matemática, te da fe, confianza, fuerza y seguridad. Sé consciente de que, como dice el Salmo, tienes poder sobre tus pensamientos, sentimientos, actos y reacciones en la vida. Esto te llena de autoestima y una sensación de valía y poder, y te aporta la fuerza necesaria para trabajar, vivir con alegría y recorrer el mundo con una alabanza hacia Dios siempre en los labios.

CÓMO ACALLAR EL CONFLICTO INTERNO

Un día, paseando por las calles de Beverly Hills, un hombre me reconoció, me paró y me dijo que estaba tremendamente preocupado. Me preguntó: «¿Cree que podré serenar mi mente? Llevo más de dos meses en guerra conmigo mismo». Se había desatado un conflicto en su interior. Se encontraba lleno de temores, dudas, odios y prejuicios religiosos. Estaba furioso porque su hija se había casado con un hombre de otra confesión, a quien me dijo que odiaba. No se hablaba con su propio hijo porque este se había alistado en el ejército, a pesar de que él mismo formaba parte de un grupo pacifista. Por si fuera poco, su mujer le había pedido el divorcio.

No disponía de mucho tiempo para ayudarlo en ese momento, pero le comenté brevemente que debería estar encantado de que su hija se hubiera casado con el hombre de sus sueños y que, si se querían, no había duda de que debían casarse, pues el amor no entiende de creencias, razas, dogmas ni colores. El amor es Divino, y el Ser Divino es impersonal. En cuanto a su hijo, le sugerí que le escribiera una carta y le dijera cuánto lo quería y cuánto rezaba por él. Le dije que debía respetar su decisión y no interferir salvo para desearle todas las bendiciones de la vida. También le dije que, a juzgar por lo que me había contado, las discusiones y peleas con su mujer probablemente se debían a conflictos sin resolver con su propia madre, y que de manera inconsciente esperaba que su mujer fuera una sustituta de aquella.

Escribí en un trozo de papel estas verdades eternas y se lo di para que lo leyera y digiriera: «Tú guardarás en completa paz a aquel cuyo pensamiento en Ti persevera, porque en Ti ha confiado». Le sugerí que dirigiera la atención de su mente hacia Dios con confianza, fe y certeza. Le dije que, de esta manera, comprobaría que el río de la vida, el amor y la serenidad interna llenarían su corazón. Por último, le dije que siempre que pensara en alguno de los miembros de su familia, debía decir: «La paz de Dios llena mi alma y la paz de Dios llena su alma».

Cómo se logró aquella sanación

Unos días más tarde recibí una nota de aquel hombre que decía: «La vida era un infierno para mí. Odiaba despertarme cada mañana. Tomaba fenobarbital todas las noches para poder dormir. Después de encontrarme con usted en la calle, sin embargo, entregué a mi familia y a mí mismo a Dios y empecé a afirmar con constancia: "Dios me guardará en completa paz, porque mi mente está centrada en Él". El cambio que he experimentado ha sido increíble. Mi vida se ha llenado de alegría y asombro.

»Mi mujer suspendió los trámites de divorcio y nos hemos reconciliado. Escribí cartas a mi hija, mi cuñado y mi hijo, y ahora vivimos en paz, armonía y comprensión».

Lo único que hizo aquel hombre fue expulsar todo el odio y el resentimiento de su corazón. Cuando se entregó al río dorado de la paz interior, este respondió fluyendo, y todas las piezas encajaron según el Orden Divino.

CÓMO UNA «VÍCTIMA DE LAS CIRCUNSTANCIAS» DEJÓ DE SER UNA VÍCTIMA

En verano tuve el placer de dirigir un seminario cerca de Denver, Colorado. Allí entrevisté a un hombre que me dijo: «Estoy atrapado, frustrado, infeliz y bloqueado. Solo quiero vender mi rancho y salir de aquí, pero me siento como si estuviera encarcelado, atascado».

«Bien —le dije—, si yo te hipnotizara ahora, creerías ser cualquier cosa que yo te sugiriera porque tu mente consciente, que es la que razona, juzga y sopesa, quedaría suspendida; por su parte, tu mente subconsciente, dada su naturaleza contraria al conflicto, aceptaría la sugestión. Si te sugiriera que eres un policía y que debes localizar a un criminal fugitivo, irías a buscarlo a las montañas.

»Si te dijera que estás en la cárcel, te sentirías como un prisionero y creerías que estás en la cárcel, rodeado de paredes y barras de acero. Si te lo sugiriera, iniciarías un intento desesperado por escapar. Intentarías saltar los muros, buscarías las llaves para tratar de salir y harías todo lo posible por huir. Pero en ningún momento dejarías de estar donde estás ahora, en los grandes espacios abiertos de Colorado, libre como el viento. Esto se debe a la susceptibilidad de tu subconsciente, que ejecuta fielmente las sugestiones que recibe.

»Del mismo modo, tú mismo eres quien le ha sugerido a tu mente subconsciente que eres incapaz de vender el rancho, que eres un prisionero, que no puedes marcharte a Denver y hacer lo que quieres hacer, que estás endeudado y que estás atrapado. A tu mente subconsciente no le queda más remedio que aceptar las sugestiones que tú le ofreces, ya que solo atiende a aquello que grabamos en ella.

»*En realidad, te has hipnotizado a ti mismo.* Tus ataduras y restricciones son autoimpuestas, y sufres y te encuentras en un continuo conflicto mental a causa de tus falsas opiniones y creencias».

Aprender a pensar adecuadamente

Le sugerí que siguiera las verdades ancestrales: «Transfórmate renovando tu mente. Arrepiéntete, pues el reino de los cielos se acerca». Arrepentirse significa volver a pensar, pensar basándose en los principios fundamentales y las verdades eternas. Le dije que se pusiera en pie con decisión y reclamara su bien, pues, como dijo Shakespeare: «Todo está preparado si la mente lo está».

La «receta» que lo rescató

Añadí que debía preparar su mente para recibir el bien ahora, pues el reino de la armonía, la salud, la paz, la orientación, la abundancia y la seguridad estaba al alcance de su mano, y que lo único que debía hacer era aceptar y tomar el bien que le correspondía. Le sugerí específicamente la siguiente afirmación:

> Mi mente está ahora absorta, interesada y fascinada por las verdades eternas e inmutables de Dios. Sereno mi mente en este momento y contemplo la gran verdad según la cual Dios habita en mí y camina y habla en mi interior. Lo sé y lo creo. «A su Padre le ha placido darles el reino». «Encomienda al Señor tu camino; confía en él, y él hará».

> La Inteligencia Infinita atrae al comprador que quiere mi rancho, prospera en él, se produce un intercambio Divino, y ambos somos bendecidos. El comprador es el correcto y el precio es el adecuado, y las corrientes más profundas de mi mente subconsciente nos unen a ambos según el Orden Divino. Sé que «todo está preparado si la mente lo está». Cuando me vengan a la mente pensamientos de preocupación, afirmaré de inmediato: «Ninguna de estas cosas me alteran». Lo sé, y estoy reacondicionando mi mente para la quietud, la relajación, la ecuanimidad y la imperturbabilidad. Estoy creando un mundo nuevo de libertad, abundancia y seguridad para mí.

Unas semanas más tarde, aquel ranchero me llamó por teléfono y me dijo que había vendido su propiedad y que era libre de marcharse a Denver. Había dejado de ser un prisionero de su mente. Me dijo: «Me di cuenta de que yo mismo me había metido en una cárcel de necesidad, limitación y restricción por culpa de mi pensamiento negativo y que, en realidad, me había hipnotizado a mí mismo».

Aquel hombre aprendió que su pensamiento era creativo y que toda su frustración se debía a las sugestiones de los demás, que él aceptaba aun pudiendo haberlas rechazado, y que los acontecimientos, circunstancias y condiciones no eran las verdaderas causas. Estos le inferían miedos y limitaciones, que él retroalimentaba en vez de rechazarlos de pleno, y se dio cuenta de que el único motivo y poder que existían en su mundo era una forma de pensar estricta. La meditación que repetía le permitió pensar de manera constructiva y le demostró que era capaz de elegir sabiamente a partir de principios universales.

Cuando la ansiedad, las preocupaciones y los temores te asalten, mantén tu equilibrio interno y afirma: «Alzaré mis ojos a las montañas, de donde proviene mi fuerza». Afirma con decisión también que «Ninguna de estas cosas me mueven» (Hechos 20:24).

Capítulo 13

USA EL PODER INFINITO PARA GUIARTE EN TODOS LOS SENTIDOS

EL PRINCIPIO DE LA ORIENTACIÓN DIVINA opera en ti y a lo largo y ancho del universo, y al emplear la Inteligencia Infinita que hay en ti, puedes atraer muchas experiencias y acontecimientos maravillosos que superen tus mejores expectativas. Este capítulo te revelará los principios de la orientación de diversas maneras, de modo que puedas aplicarlos para atraer todo tipo de bendiciones a tu vida.

CÓMO UNA MUJER ATRAJO A SU PAREJA ADECUADA

Una joven secretaria que se había equivocado dos veces en sus matrimonios me dijo: «No quiero cometer un tercer error. Sé que los últimos dos errores se debieron a que juzgué según la apariencia, y no sé cómo aplicar el principio de la orientación en mi vida. Compruebe si mi afirmación actual es correcta». Esta era su afirmación:

La Inteligencia Infinita que habita en mí atrae hacia mí al cónyuge adecuado. Es armonioso y de lo más agradable, amistoso y espiritual. Contribuyo a su alegría y felicidad y existe armonía, paz y comprensión entre nosotros. Creo firmemente que la Inteligencia Infinita responde a mi pensamiento, y sé que Ella no comete errores. Espero y creo de manera firme y definitiva que encontraré a una pareja adecuada. Sé que el principio trabaja ahora y camino por la tierra bajo la luz de que esto es así.

La felicité por su afirmación escrita y la inteligencia y sabiduría a la hora de aplicar los poderes que habitaban en ella. El principio de la Orientación Divina actuó en su favor, y atrajo a un hombre interesante, agradable y maravilloso. Más tarde tuve el privilegio de oficiar su boda.

CÓMO LA ORIENTACIÓN DIVINA
FUNCIONA PARA OTRA PERSONA

Puedes usar el Poder Infinito para guiar a otras personas, ya sean desconocidos, parientes o amigos cercanos. Esto es posible cuando comprendes que el Poder Orientador Infinito es sensible a tu pensamiento y crees en su respuesta Infinita. Es lo que he hecho yo con muchas personas, con resultados extraordinarios y fascinantes.

Por ejemplo, un joven ingeniero me llamó por teléfono un día y me dijo: «La empresa para la que trabajo va a ser comprada por otra más grande y me han dicho que ya no me necesitan. ¿Podría rezar para recibir Orientación Divina?». Le dije que existía un Principio Orientador Infinito que le mostraría una nueva puerta de expresión, y que lo único que debía hacer era creer en ello, igual que creía en las leyes científicas de Boyle y Avogadro.

Empleé el principio de la siguiente manera: imaginé al ingeniero diciéndome: «He encontrado un trabajo maravilloso con un salario estupendo. Ha venido a mí "de la nada"». Repetí el proceso durante unos tres o cuatro minutos después de colgar el teléfono y después me olvidé de ello por completo. Creí en la respuesta y esperé su llegada.

Al día siguiente el ingeniero me llamó y me confirmó que había aceptado una oferta de una nueva empresa. Me dijo que la oferta había llegado «¡de la nada!».

Existe una única Mente, y lo que yo subjetivamente imaginé y sentí como verdadero se hizo realidad en la vida del ingeniero. Cuando invocas el Principio Orientador Infinito, Él siempre te da una respuesta. Si crees que algo sucederá, lo hará, no hay duda de ello.

Cómo recibir orientación personal para hallar un lugar verdadero

Aumentas tu confianza y fe en la Fuerza Orientadora Infinita cuando eres consciente de que Dios es la Vida Infinita y que tú eres la manifestación de la vida eterna. Al Principio Vital le interesa hallar expresión a través de ti. Eres único y enteramente distinto. Piensas, hablas y actúas de manera diferente. No hay nadie en todo el mundo como tú. El Principio Vital nunca se repite. Percibe, sé consciente y cree que posees talentos y habilidades especiales y únicos. Eres capaz de hacer algo de una manera especial que nadie más en todo el mundo puede hacer porque tú eres tú. Estás aquí para expresarte plenamente y para hacer lo que amas hacer, cumpliendo así tu destino en la vida. Eres importante. Eres un órgano o expresión de Dios. Dios te necesita donde estás; de no ser así, no estarías aquí. La Presencia de Dios habita en ti. Todos los poderes, atributos y cualidades de Dios residen en ti. Tienes la fe, la imaginación y el poder de elegir y pensar. Moldeas, das forma y creas tu propio destino por tu manera de pensar.

CÓMO EL PRINCIPIO ORIENTADOR SALVÓ UNA VIDA

El fallecido doctor Harry Gaze, autor de *Emmet Fox. The Man and His Work* [*Emmet Fox. El hombre y su vida*], creía en el principio de la Orientación Divina en todo lo que emprendía. Una vez, estaba a punto de subirse a un avión cuando una voz interior le dijo que no lo hiciera. Sus maletas ya estaban guardadas en la bodega, pero hizo que las sacaran y suspendió su viaje. Siguió este impulso intuitivo, y con ello salvó su vida, pues todos los que iban montados en el avión perdieron la suya.

Su pasaje favorito de la Biblia era: «Pues a sus ángeles mandará acerca de ti, que te guarden en todos tus caminos. En las manos te llevarán, para que tu pie no tropiece en piedra» (Salmo 91:11-12).

LA FORMA DE ACTUAR CORRECTA ES TUYA GRACIAS A LA ORIENTACIÓN

La Orientación Divina hace acto de presencia cuando tus motivaciones son las adecuadas y tu deseo interno verdadero es hacer lo correcto. Cuando tu pensamiento es el adecuado (es decir, cuando se adecúa a la Regla de Oro y a la ley de la buena voluntad hacia todos), brota en ti una sensación de paz interior y tranquilidad. Esta sensación de estabilidad, equilibrio y ecuanimidad te lleva a hacer lo correcto en todas las facetas de tu vida. Cuando de verdad deseas para los demás aquello que deseas para ti mismo, significa que estás practicando el amor, que representa el cumplimiento de la ley de la salud, la felicidad y la paz mental.

Cómo puedes ser orientado de manera automática

Un amigo mío que se dedica a la construcción siempre está ocupado y no puede atender adecuadamente todas las llamadas que recibe. Me dijo: «Dicen que el sector de la construcción está flojo, pero yo no doy abasto». Añadió que había cometido muchos errores en el pasado y que había perdido dos pequeñas fortunas en sendos negocios que salieron mal, pero que seis años atrás se había sentado a estudiar *El poder de tu mente subconsciente* e inmediatamente había empezado a aplicar los principios descritos en él. Me mostró su afirmación diaria. La había impreso con elegancia en una tarjeta y la llevaba consigo en todo momento. Leía así:

Me perdono a mí mismo por todos los errores del pasado. No culpo a nadie. Todos mis errores fueron peldaños en mi camino hacia el éxito, la prosperidad y el progreso. Creo implícitamente que Dios me guía en todo momento y que, haga lo que haga, estará bien hecho. Avanzo con confianza y sin miedo. Doy lo mejor de mí mismo en todo lo que hago. Siento, creo, afirmo y sé que estoy siendo elevado, guiado, dirigido, sostenido, enriquecido y protegido en todos los sentidos. Hago lo correcto y pienso lo correcto, y sé que hay una Inteligencia Infinita en mi mente subconsciente que me da respuestas. Les ofrezco lo mejor a mis clientes y a mí mismo. Recibo orientación para ofrecer el precio justo y obtengo inspiración para saber lo que tengo que hacer. Atraigo a los trabajadores adecuados, que trabajan en armonía conmigo. Sé que estos pensamientos se hunden en mi mente subconsciente y forman un patrón subjetivo, y tengo fe en que recibiré una respuesta automática de parte de mi mente subconsciente en función de mi pensamiento habitual.

Esta es la afirmación diaria del constructor, que es guiado automáticamente hacia cosas buenas. Me dijo que tiene la sensación de estar bendecido por el don del rey Midas, con el Toque de Oro de la prosperidad. No ha cometido errores, no ha sufrido pérdidas ni ha experimentado conflictos laborales durante los últimos seis años. Sin duda, recibe una orientación automática. Tú también puedes aspirar a ello.

Recuerda que tu mente subconsciente responde a los pensamientos e imágenes mentales de tu mente consciente.

CÓMO LA ORIENTACIÓN DIVINA
REVELÓ LOS VERDADEROS TALENTOS

Un joven que había intentado abrirse hueco en el mundo de la música, la interpretación teatral y los negocios me dijo una vez: «He fracasado en todo». Yo le dije que la respuesta a su problema se hallaba en su interior y que allí podría averiguar su verdadera expresión vital. Le expliqué que, cuando lograra hacer aquello que le apasionaba, alcanzaría la felicidad, el éxito y la prosperidad.

Siguiendo mi sugerencia, empezó a afirmar lo siguiente:

Poseo el poder para llegar más alto en la vida. He llegado a la firme conclusión de que nací para tener éxito y llevar una vida triunfal y constructiva. He alcanzado la convicción interna de que el regio sendero hacia el éxito es mío ahora. La

Inteligencia Infinita que habita en mí revela mis talentos ocultos, y sigo la pista que se presenta en mi mente consciente y racional. Lo veo con claridad. El éxito es mío ahora. La riqueza es mía. Estoy haciendo lo que me encanta hacer, y estoy sirviendo a la humanidad de una manera maravillosa. Creo en el Principio de la Orientación, y sé que la respuesta siempre llega, pues me sucede aquello en lo que creo.

Tras repetir esta afirmación varias veces al día durante varias semanas con una fe total, aquel joven sintió un intenso deseo de estudiar para ser pastor de la corriente de la Ciencia de la Mente. Hoy es un profesor, pastor y un terapeuta de gran éxito, y disfruta inmensamente de su trabajo. Descubrió un Principio Orientador Infinito que conocía sus talentos internos y se los reveló en respuesta a su creencia.

CÓMO UNA MUJER DE OCHENTA AÑOS DESCUBRIÓ UNA FORTUNA EN SU MENTE

Mantuve una vez una conversación de lo más interesante con una mujer octogenaria que se mostraba alerta, con agilidad mental, iluminada, inspirada y estimulada gracias al Espíritu Divino, que animaba todo su ser. Me contó que durante varias semanas le había pedido lo siguiente a su Ser Superior antes de irse a dormir: «Mi Ser Superior me revela una nueva idea, que se muestra completa en mi mente y que puedo visualizar con gran facilidad. Esta idea bendice a todas las personas». La mujer recibió el diseño completo de un invento en forma de imagen mental. Ella, a su vez, le entregó el diseño a su hijo, que es ingeniero, y este se lo presentó a un abogado especializado para que lo patentara. Poco después, una empresa le ofreció a la mujer 50 000 dólares por la patente y un porcentaje de las ventas.

La mujer creyó que la Suprema Inteligencia que habita en ella, el Principio Orientador Infinito, le respondería, y que la idea que se le revelaría estaría completa e incluiría cualquier mejora necesaria. Sus instrucciones fueron llevadas a cabo tal y como ella había esperado, visualizado y planeado.

Independientemente de tu profesión, negocio, sector u ocupación, eres *tú* quien posee el poder de serenar tu mente e invocar la Inteligencia Infinita de tu subconsciente para que te revele una nueva idea que te bendecirá a ti y al mundo. Cree con firmeza en el hecho de que obtendrás una respuesta. «Y sucederá que antes que llamen, yo responderé; y mientras estén hablando, yo los escucharé» (Isaías 65:24). La respuesta a todas las cosas reside ya en ti. Está allí desde el origen de los tiempos. Dios habita en ti y conoce la respuesta.

Cómo el Principio Orientador
atrae aquello que buscas

Una amiga mía me escribió desde Irlanda diciéndome que una granja que pertenecía a un tío suyo le había sido legada a su hermano, que se había marchado a Estados Unidos en 1922 y del que no habían vuelto a tener noticia. Me preguntó si sería posible encontrarlo y escribirle. Habían contratado a un abogado en Irlanda, pero había sido incapaz de hallar la más mínima pista. Mi amiga ni siquiera tenía una fotografía de su hermano.

Una noche me senté, serené mi mente y leí el Salmo 23, que es el más maravilloso para el descanso, el reposo y la quietud. Este Salmo dice que el rey David reveló que el Señor lo guio y condujo a pastos verdes y aguas tranquilas, lo que significa que el Principio Orientador Infinito le revela respuestas al hombre y lo guía hacia situaciones pacíficas, felices y alegres. David creyó en este Principio Orientador, y su creencia fue correspondida. El Señor al que se refería era la Inteligencia Creativa que reside en la mente subconsciente que te creó y te sostiene.

Meditando sobre la sabiduría de aquel Salmo una noche, pensé lo siguiente:

> El Principio Orientador Infinito que guía el curso de los planetas, hace que brille el sol y gobierna el cosmos entero es el mismo Principio Orientador que hay en mí. Lo sabe y lo ve todo. Esta Inteligencia Infinita sabe dónde está este hombre y revela la respuesta. Se comunica con su hermana al instante. Hay una sola mente, y no existe separación en el Principio-Mente. Además, no hay tiempo ni espacio en la mente. Decreto ahora que su paradero es conocido y le es revelado a su hermana y su abogado en Irlanda. Esta Inteligencia Infinita que habita en mí sabe cómo hacerlo de la mejor forma y se ocupa de ello a Su manera. Creo en ello, lo acepto y agradezco que esté hecho.

La manera en que actuó el Principio Orientador resulta de lo más reveladora e inspiradora. Pasadas unas semanas, recibí una carta de mi amiga de Irlanda en la que me contaba que su hermano le había enviado un telegrama diciéndole que estaba de camino a casa para visitarla. Aquello fue lo primero que supo de él desde abril de 1922, es decir, 46 años. No fue una coincidencia ni fruto del azar. Este es un universo de ley y orden. Nada ocurre por casualidad. Como dice Emerson: «Todo es empujado desde detrás». Existe una ley de causa y efecto que es cósmica y universal. Mi pensamiento accedió a la mente subconsciente universal, en la que todos vivimos, nos movemos y tenemos nuestro ser, y que permea el cosmos entero. Aquello fue captado por el hermano desaparecido, y el Principio Orientador de la Vida lo incitó a comunicarse de inmediato con su hermana.

En una carta posterior, mi amiga me dijo que su hermano le había contado que hubo una noche en la que no podía dormir, ya que empezó a sentir el impulso persistente, fastidioso e incansable de visitar su antiguo hogar y llamar a su hermana. Respondió inmediatamente al impulso psíquico enviándole un telegrama y reservando billetes de avión para viajar a Irlanda. Al llegar a su antiguo hogar, descubrió que las incitaciones y susurros de su mente profunda se revelaron como una bendición, ya que no solo heredó una granja maravillosa sino un hogar encantador.

No puedes determinar cómo se cumplirá la afirmación. La Biblia dice: «Como son más altos los cielos que la tierra, así mis caminos son más altos que sus caminos, y mis pensamientos más altos que sus pensamientos» (Isaías 55:9).

Capítulo 14

USA EL PODER INFINITO PARA SANAR

L A INTELIGENCIA CREATIVA que dio forma a tu cuerpo también sabe cómo sanarlo. Hay una Presencia Sanadora Infinita en ti que conoce todos los procesos y funciones de tu cuerpo. Cuando *sintonices* con este Poder Infinito, se convertirá en un elemento activo y potente de tu vida. La Biblia dice: «Yo soy el Señor tu sanador» (Éxodo 15:26).

Es tu derecho Divino por naturaleza tener salud, vitalidad, fuerza y dinamismo. Este capítulo señala en detalle los procesos y pasos que puedes dar para producir y experimentar una salud radiante. Te sugiero que empieces a practicar los métodos y técnicas expuestos en este capítulo, porque a través de ellos hallarás el camino hacia la salud, la armonía y la serenidad.

LA BUENA SALUD SE CONSIGUE
CON UN PENSAMIENTO CONSTRUCTIVO

El Libro de los Proverbios dice: «Porque cual es su pensamiento en su mente, tal es él» (Proverbios 23:7). La mente a la que se hace referencia aquí es la mente subconsciente. Los pensamientos, opiniones y creencias sembradas en tu mente subconsciente se manifiestan en tu cuerpo, tu trabajo y todos tus asuntos. Tu salud está determinada en buena parte por tu manera de pensar a lo largo del día. Al dirigir tu mente hacia pensamientos de plenitud, belleza, perfección y vitalidad, experimentarás una sensación de bienestar. Si te recreas en pensamientos de preocupación, miedo, odio, envidia, depresión y tristeza, experimentarás enfermedad en tu mente, tu cuerpo y tus asuntos. Eres lo que piensas a lo largo de todo el día.

Cómo liberar el Poder Sanador Infinito

Envié a una mujer que padecía dolor de garganta crónico y una fiebre persistente a un médico amigo mío. Este le diagnosticó faringitis estreptocócica y le dio antibióticos y un jarabe para que hiciera gárgaras. Sin embargo, no respondió a los antibióticos ni a otros medicamentos, cosa que dejó perplejo a mi amigo. La mujer volvió a verme a petición mía, y le pregunté si había algo que no me había contado. En ese caso, le sugerí que posiblemente podríamos curarla si hablábamos del asunto.

Entonces ella dijo: «Odio a mi madre y el lugar donde vivo. Mi madre es tiránica y exigente y quiere controlar mi vida haciendo que me case con un hombre que *ella* cree que me conviene».

Aquel estado emocional de resentimiento, sumado a su sentimiento de culpa por odiar a su madre, había hecho que brotara su dolor de garganta y tuviera fiebre. Le expliqué que su estado ambivalente de amor y odio, que hacía que por momentos amara a su madre y por momentos la odiara, era sin duda la causa de su enfermedad. No quería casarse con aquel hombre, de modo que su mente subconsciente respondió provocándole una inflamación e infección de garganta. Lo que su subconsciente le estaba diciendo a su mente consciente era: «No puedes casarte con él mientras estés enferma». Aquella era la manera en que su cuerpo tenía de responder a su deseo subconsciente.

Cómo recuperó la salud

Siguiendo mi sugerencia, la mujer informó a su madre de manera tajante y decidida de que no iba a casarse con aquel hombre porque no lo amaba. Además, se mudó a una casa para ella sola y empezó a tomar todas sus decisiones. Yo tuve ocasión de hablar con la madre, y le señalé que era completamente erróneo insistir en que su hija se casara con un hombre al que no amaba, y que un matrimonio basado en algo que no fuera el amor sería una estafa, una farsa y un engaño.

Inteligentemente, la madre estuvo de acuerdo y le dijo a su hija que podía casarse con la persona que quisiera y que ya no le diría lo que tenía que hacer, que era libre como el viento.

La demostración de un milagro sanador

La mujer mantuvo una conversación sincera con su madre, y ambas alcanzaron un estado de perdón, amor y buena voluntad la una respecto a la otra. Se produjo de manera inmediata una perfecta sanación, y la mujer no ha vuelto a tener problemas físicos desde entonces.

CÓMO LIBERAR UN NUEVO PODER CURATIVO

Hace poco hablé con un joven banquero que se mostraba muy nervioso, inquieto y aparentemente enfermo en cuerpo y mente. «Tengo el virus asiático —me dijo—. Esta "gripe" me está desgastando». Le escribí una receta mental y espiritual, recalcando que, por medio de la repetición, la creencia y la expectativa, las ideas de salud, plenitud y fuerza penetrarían en su mente subconsciente y obtendría unos resultados maravillosos. He aquí mi receta:

> Yo soy fuerte, poderoso, cariñoso, armonioso, vital, dinámico, alegre y feliz.

Empezó a repetir esta afirmación durante aproximadamente cinco minutos tres o cuatro veces al día, consciente de que se convertiría en cualquier cosa que siguiera a la expresión «Yo soy». Al cabo de alrededor de una semana, me llamó por teléfono y me dijo: «Aquella medicina espiritual que me dio ha sido milagrosa. A partir de ahora me aseguraré de que cualquier cosa que siga a la expresión "Yo soy" sea divina y de buena reputación». Aquel hombre anticipó los resultados y creyó en la respuesta de su subconsciente.

EL PODER SANADOR INFINITO DE TU MENTE SUBCONSCIENTE

Una madre vino a verme con su hijo de diez años, el cual había desarrollado un caso grave de asma. La madre me dijo que, cuando el chico se iba a pasar el verano con sus abuelos en San Francisco, no tenía ningún ataque, pero que al volver a casa sufría siempre una recaída y tenía que volver a tomar la medicación que le había recetado el médico, que aliviaba sus síntomas.

Al hablar con el chico a solas, descubrí que sus padres siempre estaban discutiendo, lo que le hacía temer que los perdería a ambos y se quedaría sin hogar. El chico era perfectamente normal en todos los sentidos. El problema eran los enfrentamientos y conflictos que se vivían en casa. Durante una conversación con su madre, supe que sentía una tremenda hostilidad e ira reprimida hacia su marido. Reconoció que a veces le tiraba platos y que en dos ocasiones él le había dado una paliza. El chico se veía en medio de aquel fuego cruzado y en consecuencia sufría miedo y una profunda inseguridad.

Un caso milagroso del Poder Sanador Infinito

Conseguí reunir al padre y la madre y les expliqué que los niños sufren por culpa del clima mental y emocional que se respira en casa. Les dije que era indudable que querían al chico, y les señalé que en tanto que lo habían traído al mundo, tenían la obligación moral y espiritual de que en casa hubiera amor, paz y armonía. Además, debían transmitirle al niño que era amado, deseado y apreciado. Les hablé sobre el hecho de que el niño quería sentirse seguro, y que yo creía que, cuando se restaurara el amor y la armonía entre la pareja, el asma del chico desaparecería. Su afección era el síntoma de su miedo y ansiedad.

La afirmación sanadora del padre y la madre para su hijo

Escribí una afirmación para los padres del niño y les sugerí que se alternaran para rezar por la noche y por la mañana, conscientes de que al rezar el uno por el otro y por su hijo, todo el odio y hostilidad acumulados serían disueltos por el amor Divino. Esta es la afirmación:

> Ambos estamos de acuerdo en que Dios y su Poder Sanador Infinito fluyen a través de cada uno de nosotros. Irradiamos amor, paz y buena voluntad el uno hacia el otro. Vemos la presencia de Dios el uno en el otro y nos dirigimos el uno al otro con amabilidad, cariño y armonía. Nos elevamos el uno al otro mental y espiritualmente al saber que cada uno de nosotros expresa cada día más la luz, amor y alegría de Dios. Saludamos a la Divinidad que hay en el otro, y nuestro matrimonio se vuelve más bendito y hermoso cada día que pasa. Nuestro hijo está abierto y receptivo a nuestros pensamientos amorosos. Vive, se mueve y tiene su ser en Dios. Respira el aliento puro del Espíritu y sus tubos bronquiales, pulmones y sistema respiratorio entero se ven permeados y saturados por el Poder Sanador Infinito, vivificador y armonizador, de su mente subconsciente, logrando así que su respiración resulte libre, fácil y perfecta.

Empezaron a repetir su afirmación tres o cuatro veces al día, el marido por la mañana y la mujer por la noche.

Afirmación sanadora a recitar por parte del hijo

He aquí la afirmación que el chico empezó a repetir cada noche:

Amo a mi padre y a mi madre. Dios los ama y cuida de ellos. Son felices juntos. Inhalo la paz de Dios y exhalo el amor de Dios. Duermo en paz y me despierto en la alegría.

Los padres pronunciaban su afirmación de manera regular y creían en el poder milagroso de su mente subconsciente. Al cabo de unas dos semanas, notaron que el chico ya no sufría problemas respiratorios y le retiraron la medicación. El chico me contó que había tenido un sueño la séptima noche después de su afirmación, en el cual un hombre con barba se le aparecía y le decía: «Ya estás bien, hijo». Se despertó, les contó a sus padres lo que había pasado y les dijo: «Sé que estoy curado».

Mi análisis y comentario

Creo que, cuando los padres empezaron a rezar juntos el uno por el otro y por su hijo, las vibraciones sanadoras de paz, armonía y amor impactaron sobre la mente receptiva del chico, resucitando la plenitud, armonía y perfección que ya residía en su mente subconsciente. Creyeron en el Poder Sanador Infinito de su mente subconsciente y creyeron en lo que hacían y por qué. Además, la afirmación del chico aceleró el proceso de sanación. Al llenar su mente de fe y confianza en el poder sanador de Dios y de amor por sus padres, su mente subconsciente representó la sanación en un sueño muy vívido. La Biblia dice: «Yo me manifestaría a él en visión o hablaría con él en sueños» (Números 12:6).

EL MILAGRO DEL CAMBIO DE ACTITUD CAMBIA VIDAS

A finales del siglo XIX, William James, considerado el padre de la psicología estadounidense, dijo: «El mayor descubrimiento de mi generación ha sido que los seres humanos pueden cambiar sus vidas al alterar su actitud mental». Es decir, puedes disfrutar de una gran salud, vitalidad, energía y optimismo si empiezas a alimentar a tu mente subconsciente de patrones vivificadoras de armonía, alegría, fuerza, poder, energía, entusiasmo y victoria.

CÓMO UN CAMBIO DE ACTITUD CURÓ
UNA ENFERMEDAD DESCONCERTANTE

Hace unas semanas hablé delante de unas mil quinientas personas reunidas en la sala de baile del Frontier Hotel de Las Vegas, en el estado de Nevada. La conferencia que pronuncié llevaba por título «Cómo desarrollar la consciencia sanadora». Tras la charla, un joven médico me relató una experiencia muy interesante e inspiradora. Me contó que una noche acudió a una casa en la que vivían los padres de una niña enferma que no creían en la enfermedad ni en los médicos de ningún tipo. El padre le dijo: «Mi hija está llena de miedo y teme morir». El médico la examinó y le dijo que tenía 38 °C de fiebre, pero que no iba a pasarle nada; no padecía ningún problema grave y no corría riesgo de muerte.

La niña le pidió que rezara con ella, y al ser él muy religioso, recitó con tranquilidad el Salmo 23 con ella. La niña no quería tomar medicinas porque era contrario a sus creencias religiosas. El médico me contó que creía que la chica se pondría bien, y se la imaginó en perfecto estado.

Un mes más tarde, el hermano de la chica, que había dejado atrás las creencias religiosas de sus padres y su hermana y se había convertido en un médico y cirujano de mucho éxito, visitó al médico de mi historia y le preguntó qué terapia le había dado a su hermana, ya que esta llevaba tiempo sufriendo ataques epilépticos severos dos o tres veces por semana y ahora había quedado libre de cualquier síntoma. Le contó que él llevaba varios años, sin éxito, tratando de que su hermana tomara medicamentos antiepilépticos. El otro médico le respondió al hermano que su terapia no había sido otra que sugerirle a su hermana que iba a ponerse bien, que no corría peligro de morir y que se recuperaría inmediatamente.

Ambos se quedaron atónitos y desconcertados durante unos momentos. El hermano de la chica rompió el silencio diciendo: «Lo único que sé es que le diste una transfusión de fe en el poder sanador de Dios, y tu sugestión positiva halló el camino hasta su mente subconsciente, que la curó».

El joven médico me dijo a mí: «De haber sabido que sufría epilepsia, no me habría mostrado tan optimista y confiado en su sanación. Ahora veo que mi imagen de salud perfecta y mi absoluta certeza de que se recuperaría le fueron transmitidas a su mente subconsciente, y que mi actitud, sumada a la nueva actitud de ella, lo cambiaron todo y produjeron una sanación perfecta. Ha pasado un año y no ha vuelto a sufrir un solo ataque. Ahora está casada y conduce su propio coche». ¡Los cambios de actitud pueden cambiarlo todo a mejor!

La Biblia dice: «Tu fe te ha salvado. Vete en paz» (Lucas 8:48).

Capítulo 15

ACCEDE AL PODER INFINITO DEL AMOR Y TU GUÍA MATRIMONIAL INVISIBLE

Dios es Vida, y la Vida ama manifestarse a través de cada uno de nosotros en forma de armonía, salud, paz, alegría, abundancia, belleza y forma correcta de actuar, o, en otras palabras, una vida más abundante. Hay algo en todos nosotros que nos recuerda nuestro origen y nos devuelve a la Fuente. Es nuestra misión y propósito agrandar esta memoria para que pase de ser una chispa a una llama e intuyamos y sintamos nuestra unión con Dios, la Fuente de la Vida entera. Existe un hambre y sed profundas en ti para unirte a la Fuente Infinita de la Vida: tu Creador.

Cuando naciste, lloraste pidiendo alimento. Al crecer, descubriste que nunca estarías satisfecho sin recibir, además, alimento espiritual en forma de inspiración, orientación, sabiduría y fuerza de la Fuente Infinita de todas las bendiciones. El Principio Vital Infinito busca expresarse a través de ti, y tu amor por Dios se expresa por medio de tu deseo de sentirte mental y espiritualmente unido a la Fuente de todas las bendiciones y todo el poder.

AMA TUS IMÁGENES MENTALES

Tus patrones e imágenes mentales se manifiestan a través de tu naturaleza amorosa, es decir, de tu apego emocional. Cualquier idea o deseo que emocionalices y sientas como verdadero se subjetivizará y se manifestará en tu mundo. Elabora un diseño para ti mismo hoy mientras lees este capítulo; dirígele tu atención y devoción, cíñete a él de manera regular y sistemática, y tu diseño se emocionalizará y se hará realidad en tu experiencia. Uno se convierte en aquello que ama.

A lo largo del día, imagina mentalmente a intervalos regulares aquello que quieres ser, hacer y tener. Hazlo con cariño y sentimiento, pero de manera persistente. No debes forzar ni coaccionar, sino entregarle tu imagen mental con sentimiento y confianza a tu mente subconsciente, sabiendo y creyendo que tu subconsciente responderá a tu impresión mental.

CÓMO UNA MUJER ATRAJO UN AMOR DURADERO A SU VIDA

Recientemente, una joven me preguntó: «¿Qué tengo de malo? Sé que tengo estudios, me dedico a los negocios, puedo dar buena conversación, y mucha gente dice que soy atractiva, pero no atraigo más que a hombres casados y a alcohólicos, y recibo propuestas indecentes del resto».

Por qué se estaba rechazando a sí misma

Su problema abunda entre mujeres encantadoras, vivaces, guapas y con un excelente carácter que, sin embargo, se menosprecian. Aquella mujer tuvo un padre cruel, despótico y tiránico que nunca le ofreció amor ni atención. Era un tipo puritano que no le dejaba jugar los fines de semana y la obligaba a ir a misa tres veces cada domingo. Además, discutía violentamente con su madre. La mujer se sentía rechazada por su padre, que jamás mostró ningún interés por sus progresos en el colegio ni por su bienestar general.

La mujer lo odiaba a nivel subconsciente y se sentía culpable por ello, lo cual instauró en su mente el temor a ser castigada. De los recovecos de su mente subconsciente surgía constantemente la sensación de que sería rechazada, que no merecía amor y que no era muy atractiva.

La misteriosa ley de la atracción

Los semejantes se atraen; «Dios los cría y ellos se juntan». Dado que su sensación de rechazo y su miedo al castigo constituían un estado mental, aquello automáticamente atraía hacia ella hombres frustrados, neuróticos e inhibidos. La ley de la mente funciona y responde de manera negativa o positiva según los patrones de pensamiento o las directrices que se le den.

Cómo purificó su mente subconsciente

Siguiendo mi sugerencia, la mujer escribió la siguiente afirmación y decidió llenar su mente subconsciente de las siguientes verdades durante cinco o diez minutos cada mañana, tarde y noche:

Sé que el amor Divino disuelve todo lo que no es como él. Sé y creo que aquello sobre lo que medito conscientemente queda grabado en mi mente subconsciente y se expresará en mi experiencia. Mi Ser es Dios. Honro, exalto y amo el Ser Divino en mí. Cuando tengo la tentación de criticarme o buscarme fallos, afirmo inmediatamente: «Exalto a Dios en mi interior».

Me perdono a mí misma por albergar pensamientos con resentimiento y odio hacia mi padre, y le deseo todas las bendiciones de Dios. Cuando pienso en mi padre, que está ahora en la siguiente dimensión, lo bendigo. Continúo haciéndolo hasta que no queda resentimiento en mi mente.

El amor de Dios fluye a través de mí. Estoy rodeado por la paz de Dios. El Amor Divino me rodea, envuelve y acoge. Este Amor Infinito se graba en mi corazón y queda escrito en mi interior. Irradio amor sobre todos los hombres y mujeres. El Amor Divino me sana ahora. El amor es un principio orientador en mí; introduce en mi experiencia relaciones perfectas y armoniosas. Dios es amor. «El que permanece en el amor permanece en Dios, y Dios permanece en él».

Llevó a cabo esta terapia de afirmación durante un mes y permaneció fiel a ella. En nuestra siguiente entrevista, me encontré con una mujer nueva. Se había producido una enorme transformación en su actitud mental respecto a sí misma, su vida y el mundo en general.

Cómo se preparó para el matrimonio

Había dejado de rechazarse, una actitud negativa que incluso de haberse casado habría destruido el matrimonio. Afirmó lo siguiente:

Creo que puedo tener el marido ideal. Sé que es un contrato recíproco. Le ofrezco lealtad, devoción, honestidad, integridad, felicidad y satisfacción; y yo recibo de él lealtad, fe, seguridad, confianza, amor y satisfacción. La Inteligencia Infinita que hay en mí sabe dónde está el hombre ideal y desea mi satisfacción. Soy necesaria, me siento querida y soy profundamente deseada por el hombre que la Inteligencia Infinita elige para mí. Yo lo necesito a él y él me necesita a mí. Existe armonía, paz, amor y comprensión entre ambos. El Amor Divino nos une, y armonizamos perfectamente a nivel espiritual, mental y físico. Me desprenderé de todos los miedos y tensiones, y confío y creo que la Inteligencia Infinita nos reunirá. Sé que habrá reconocimiento mutuo cuando nos encontremos. Yo lo amo y él me ama a mí. Le entrego esta idea por completo a la Mente Infinita y doy gracias por la Ley Universal del Amor y por su cumplimiento ahora.

Repitió esta afirmación con sentimiento por la noche y por la mañana, creyendo y sabiendo que estas verdades penetraban las paredes de su mente subconsciente.

Cómo el amor atrae al amor

Pasaron dos meses. Tuvo varias citas, pero ninguna resultó ser romántica. Sin embargo, cada vez que flaqueaba, se recordaba que el Poder Infinito estaba haciéndose cargo de su petición. Un día, en un vuelo a Nueva York por negocios, un sacerdote alto y apuesto se sentó a su lado y empezaron a conversar. Hablaron sobre diversas religiones, y ella descubrió que las creencias religiosas y políticas de él coincidían con las suyas. Ella asistió a la misa que el hombre dio en Nueva York, y al cabo de una semana ya se habían prometido. Ahora están casados y viven en una hermosa casa parroquial donde reina la armonía.

CÓMO UN HOMBRE DE NEGOCIOS SUPERÓ UNOS CELOS ANORMALES POR MEDIO DEL AMOR

El amor une; los celos dividen. Milton dijo: «Los celos son el infierno del amante herido». Shakespeare dijo: «Oh, guárdate de los celos; es el monstruo de ojos verdes, que se burla de la carne de la que se alimenta». En otras palabras, la persona celosa envenena su propio banquete y luego se lo come.

Como ejemplo de ello, un hombre al que conocí sentía un profundo resentimiento hacia un rival profesional debido a su éxito, ascenso y popularidad. Le expliqué a aquel hombre que el mortífero veneno de los celos se estaba alimentando de todos sus órganos vitales, ya que tenía úlceras sangrantes, hemorroides e hipertensión. Además, el veneno de los celos que él mismo generaba estaba haciendo que el tono saludable de su rostro se volviera cetrino y demacrado, y estaba debilitando su ser entero.

Cómo la explicación se convirtió en la cura

Mi explicación de los problemas de aquel hombre decía más o menos así:

El Poder Infinito es uno e indivisible. No hay competencia, ya que no pude competir con sí mismo. No existen divisiones ni facciones en él. No hay nada que se le oponga, lo frustre ni lo vicie, ya que es la única Presencia, Poder, Causa y Sustancia. No hay duda de que el Ser Infinito nunca compite con nada ni con nadie. El Poder Infinito es el Principio-Vida, y busca expresarse en cada hombre de una manera única y extraordinaria. Hay ocho mil millones de personas en el mundo, y este Depósito Infinito de la Vida fluye a través de cada persona.

Cada hombre puede apropiarse de lo que quiera, ya que el Río Infinito de la Mente permea la mente de todos nosotros. Tu pensamiento, sentimiento, atención y reconocimiento de este Poder Infinito representan tu camino directo al Depósito Infinito. Tú eres la única persona en el mundo que puede romper esta conexión por medio de tu falta de creencia y fe.

Establecer contacto con el amor

Puedes adentrarte en ti mismo y reclamar tu bien, salud, riqueza, abundancia, inspiración, orientación, amor o cualquier cosa que quieras. Conforme esperes y creas, la respuesta fluirá en tu nombre. No quieras lo que tiene otro. Regocíjate en su éxito. Puedes obtener lo que quieras si tienes los pensamientos y sentimientos adecuados. En otras palabras, al establecer el equivalente mental de lo que quieres en tu mente, cosecharás tu recompensa.

Sentir celos de los talentos, el éxito, los logros o la riqueza de otra persona supone rebajarse a uno mismo y atraer aún más carencias, pérdidas y limitaciones. En realidad, estarás rechazando la Fuente Divina de todo lo bueno y diciéndote: «Él puede tener todas esas cosas y tener éxito, pero yo no». Esto es ignorancia y te privará del ascenso y el éxito. Dado que hay solamente una Mente y una Vida, debes aprender que, cuando en pensamiento y en sentimiento les deseamos sinceramente a cada hombre, mujer y niño en el mundo el derecho a la vida, la libertad, la felicidad y todas las bendiciones de Dios, estamos amándolos de verdad. El amor (la buena voluntad) es el cumplimiento de la ley del éxito, la felicidad y la paz mental.

Cómo el amor transformó su vida

Esta exposición sencilla y práctica de las leyes de su mente le ofreció a aquel hombre un nuevo punto de vista y una visión de la vida renovada. Me dijo que nunca más sentiría celos ni resentimiento hacia el ascenso o éxito de otro hombre, sino que se regocijaría y se alegraría al saber que cualquier persona crecía y ascendía. Le ofrecí la siguiente afirmación para que la empleara con frecuencia:

Sé y creo que todos tenemos un Progenitor común, el Principio-Vida, que es el Padre de todos; y todos los hombres somos hermanos. Saludo a la Divinidad en cada persona. Sé que estoy moldeado por aquello que amo. Conforme irradio amor y buena voluntad hacia todos, sé que esto purifica y limpia mi mente subconsciente de todos los celos, resentimientos y miedos. Me regocijo en el éxito, ascenso, progresos y felicidad de todos quienes me rodean y de todas las personas en todas partes. El río del amor y la vida fluye a través de mí, y estoy purificado y en paz.

Cuando un pensamiento de celos o envidia entraba en su mente, afirmaba: «Me regocijo en su éxito. Irradio amor y buena voluntad hacia él». Lo convirtió en un hábito, y hoy tiene un gran éxito y dirige su propio negocio. Lo más asombroso es que el hombre del que estaba tan celoso es ahora su socio, y ambos están prosperando más de lo que jamás hubieran soñado.

CÓMO USAR EL PODER DEL AMOR DE MANERA CONSTRUCTIVA

Hace algún tiempo, entrevisté a una mujer que me dijo: «Me he enamorado de un hombre. ¿Cómo puedo hacer que me proponga matrimonio?». Este es un ejemplo de un uso incorrecto de la ley del amor. Es la inversión del amor, e indica un deseo de coaccionar o forzar mentalmente a otra persona a hacer algo que no quiere. Supone interferir con su privilegio y prerrogativa, concedidos por Dios, de elegir y decidir por sí misma.

Operar mentalmente sobre otra persona para conseguir que haga lo que quieres se llama magia negra. Este poder mental es conocido en la India, por ejemplo, así como en otros sitios. Le expliqué a aquella mujer que, si conseguía a su hombre usando esos métodos, se produciría un efecto bumerán y desearía no haberlo hecho. Además, añadí que aquel hombre ni siquiera era lo que realmente quería.

Le ofrecí la siguiente afirmación específica para una correcta forma de actuar:

La Inteligencia Infinita que hay en mí conoce mi deseo de casarme. También sabe dónde está el tipo de hombre que me conviene. Él me ama por lo que soy, y nos atraemos mutuamente. No tengo ningún hombre en particular en mente, pero sé que la Mente Infinita está atrayéndonos ahora según el orden Divino. Viene sin impedimentos de ningún tipo, y hay amor, intereses y respeto mutuos. Sé y creo que recibiré lo que me corresponde. No existe competitividad en ningún lugar de la vida. Doy gracias por el Principio de la Forma Correcta de Actuar en mi vida ahora, y sé que se ha cumplido.

Creía sinceramente en las palabras que afirmaba y las recitaba con un sentimiento de profunda convicción. Al cabo de unas semanas, su jefe, para el que llevaba trabajando cinco años, le propuso matrimonio. Se casaron y están hechos el uno para el otro. Tras la boda, que yo mismo oficié, la mujer me dijo: «¿No es curioso cómo funcionan las oraciones? He estado trabajando en su oficina durante cinco años y él nunca había parecido advertir mi existencia. Sin duda, la oración cambia las cosas».

Caminar en el amor

Medita todas las noches y todas las mañanas sobre las siguientes verdades bíblicas ancestrales: «Dios es amor» (1 Juan 4:16). «Todas sus cosas sean hechas con amor» (1 Corintios 16:14). «Anden en amor» (Efesios 5:2). «El que permanece en el amor permanece en Dios» (1 Juan 4:16). «Amarás a tu prójimo como a ti mismo» (Levítico 19:18). «Porque este es el mensaje que ustedes han oído desde el principio: que nos amemos los unos a los otros» (1 Juan 3:11). «Ámense los unos a los otros ardientemente y de corazón puro» (1 Pedro 1:22). «El amor no hace mal al prójimo; así que el amor es el cumplimiento de la ley» (Romanos 13:10). «Amados, amémonos unos a otros, porque el amor es de Dios. Y todo aquel que ama ha nacido de Dios y conoce a Dios. El que no ama no ha conocido a Dios, porque Dios es amor» (1 Juan 4:7, 8).

Capítulo 16

CONVIERTE LO IMPOSIBLE EN POSIBLE A TRAVÉS DE LA CREENCIA

LA BIBLIA DICE: «Por tanto, os digo que todo lo que pidiereis orando, creed que lo recibiréis, y os vendrá» (Marcos 11:24). «Jesús le dijo: Si puedes creer, al que cree todo le es posible» (Marcos 9:23).

Creer es aceptar que algo es verdad. Sin embargo, muchísimas personas creen cosas que son radicalmente falsas, y sufren en consecuencia. Si crees, por ejemplo, que Los Ángeles está en Arizona y así lo haces constar en la carta que quieres enviar, la carta se perderá o te será devuelta. Recuerda que aceptar una idea es creer en ella. Si alguien te sugiere que has nacido para tener éxito y triunfar sobre los problemas de la vida, y tú aceptas esa idea sin ningún tipo de reserva mental, ¡ocurrirán milagros en tu vida!

EL MILAGRO DE LA CREENCIA IMPLÍCITA

Cuando Alejandro Magno, el monarca de la Antigüedad, era un niño muy joven e impresionable, su madre, Olimpia, le dijo que su naturaleza era Divina, que era diferente a todos los demás niños porque ella había sido fecundada por el dios Zeus; por lo tanto, él estaba destinado a superar todas las limitaciones de un niño normal. Alejandro creyó firmemente en ello y desarrolló una magnífica estatura, fuerza y poder; su vida fue una sucesión de logros gloriosos que desafiaban la comprensión del hombre medio. Fue apodado «el Divino Lunático». Alejandro lograba continuamente lo impredecible y lo imposible, y se convirtió en un extraordinario guerrero y conquistador. Asumió por completo la idea de que no era hijo de su padre humano, Filipo de Macedonia.

La historia cuenta que un día Alejandro rodeó con los brazos a un semental salvaje, feroz e indisciplinado, lo montó de un salto y, sin necesidad de sillín ni bridas, logró que el caballo se volviera manso como un cordero. Ni su padre ni el mozo de cuadra se atrevían a tocar el caballo, pero Alejandro se creía Divino y poseedor de un poder sobre todos los animales. Conquistó el mundo conocido y creó un imperio. Se dice que lloró porque no le quedaron naciones por conquistar.

Cito esta historia para demostrar el poder de las creencias y su capacidad para hacer realidad lo supuestamente imposible. «Para Dios todo es posible» (Mateo 19:26). Alejandro encarnó su creencia, e hizo manifestarse a su manera este Poder Infinito presente en su mente, su cuerpo y sus logros.

POR QUÉ DEBES SABER QUE ERES DIVINO

Eres hijo del Dios viviente. La Biblia dice: «Y no llaméis padre vuestro a nadie en la tierra; porque uno es vuestro Padre, el que está en los cielos» (Mateo 23:9). Eres hijo de Dios. Posees el poder, la habilidad y la capacidad de hacer cosas divinas. «Yo dije: Vosotros sois dioses, y todos vosotros hijos del Altísimo» (Salmo 82:6). Piensa en todas las cosas maravillosas que puedes lograr mientras invocas el Poder Infinito que reside en tu interior. Si crees que eres hijo de Dios, lograrás apartar todas las falsas creencias y opiniones humanas y llevar a cabo las obras de Dios aquí y ahora.

CÓMO RECONOCER TU NATURALEZA DIVINA

Afirma con frecuencia:

> Sé y creo que soy hijo de Dios, y poseo todos los poderes, cualidades y atributos de Dios. Creo implícitamente en mi naturaleza Divina y acepto mi derecho de nacimiento Divino. Estoy hecho a imagen y semejanza de Dios. Se me ha concedido el dominio sobre todas las cosas. Puedo superar cualquier problema y obstáculo por medio del Poder Infinito de Dios que habita en mí. Cualquier problema que tenga será superado de manera divina. Creo que soy capaz de liberar la Presencia Sanadora Infinita para aliviar mi sufrimiento y el de los demás. Recibo inspiración e iluminación desde lo Alto. Cada día expreso un mayor grado de amor, luz, verdad y belleza Divinos. Dios es mi padre, y sé que todas las cosas me resultan posibles porque soy Divino. Afirmo en este momento que la Luz de Dios brilla en mí y que la gloria de Dios, mi Padre, cae sobre mí. Soy capaz de todas las cosas gracias al Poder de Dios, que me fortalece.

Sigue repitiendo estas verdades hasta que se conviertan en una encarnación subjetiva, y empezarán a producirse maravillas en tu vida.

CÓMO UN SACERDOTE SE DEMOSTRÓ
A SÍ MISMO EL PODER DE LA CREENCIA

Hace unos meses mantuve una conversación interesante con un compañero sacerdote. Me contó que su hermano, que es médico internista y un extraordinario especialista en diagnósticos, le había dicho un año antes que padecía una enfermedad. «Aquello fue una sorpresa al principio».

Añadió: «Empecé a pensar en las cosas que digo en mis sermones sobre el hecho de que Dios es amor y que la fe mueve montañas, y me dije a mí mismo: "Si esto es cierto, ¿por qué siento tanto miedo y frustración? ¿Acaso no acepto realmente estas verdades y creo que son meras afirmaciones teóricas?". De repente pensé que, si creía con verdadera convicción, comprendería las verdades de la Biblia y podría vivirlas con honestidad. Seguí la terapia que me detalló mi hermano. El dolor era insoportable y no respondía a la medicación. Iba empeorando cada vez más. Sabía que no creía realmente en el Poder Sanador de Dios, que aquello eran palabras y nada más. Abrí la Biblia y leí las siguientes palabras: "Porque de cierto os digo que cualquiera que dijere a este monte: Quítate y échate en el mar, y no dudare en su corazón, sino creyere que será hecho lo que dice, lo que diga le será hecho" (Marcos 11:23)».

Meditó sobre este pasaje, y lo que sigue es el meollo de la afirmación que empezó a pronunciar:

Creo en las verdades contenidas en este versículo bíblico. El monte del miedo, la preocupación y la mala salud se aparta y queda en el olvido. Esta enfermedad me abandona ahora. Creo en el Poder Sanador de Dios, en Su bondad en el Cuidado que me presta. Sé que esta enfermedad de mi cuerpo está provocada por pensamientos negativos cargados de miedo que se alojan en mi mente subconsciente. Sé que el amor sanador de Dios está disolviendo y eliminado ahora todos los patrones negativos, y doy las gracias a Dios por la sanación que creo que está teniendo lugar ahora. Me niego rotundamente a darle poder a la dificultad, y me regocijo en la verdad que dice: «Yo soy Jehová tu sanador» (Éxodo 15:26).

Recitó esta afirmación en voz alta muchas veces a lo largo del día. Cuando el miedo y las dudas le venían a la mente, afirmaba de inmediato: «Dios me está curando ahora». Tres meses más tarde, todos sus análisis dieron negativo. Ahora es libre como el viento. Vuelve a estar en toda su plenitud y a predicar en su iglesia todos los domingos y miércoles, y es la viva imagen de la salud perfecta.

«Y todo lo que pidiereis en oración, creyendo, lo recibiréis» (Mateo 21:22).

Cómo creer en el Poder Sanador Infinito
Y ALCANZAR LA PLENITUD

A lo largo de la historia se han documentado distintas sanaciones espirituales milagrosas. Jesús curó a los ciegos y los cojos. Era una persona nacida como todos nosotros. La única diferencia entre Jesús y cualquier otro hombre es que se apropió en mayor grado de la Divinidad meditando y alimentándose de las grandes verdades de Dios, y tenía una sensación de unidad con Él. Les dijo a todos los hombres: «El que en mí cree, las obras que yo hago, él las hará también; y aun mayores hará». También dijo: «Y estas señales seguirán a los que creen [...] echarán fuera demonios; hablarán nuevas len-

guas [...] sobre los enfermos pondrán sus manos, y sanarán»
(Marcos 16:17-18).

El poder de sanar yace en tu creencia de que con Dios
todas las cosas son posibles.

Cómo una madre hizo posible lo imposible

Recibí una llamada de una mujer de Luisiana cuyo hijo
estaba en el hospital. Había sufrido una hemorragia cerebral
masiva y no se esperaba que sobreviviera. Era un caso sin remedio. Mientras hablaba con aquella mujer, noté que era una
persona profundamente religiosa, así que le pregunté:

—¿Usted cree que la Presencia Sanadora Infinita que creó
el cerebro y el cuerpo de su hijo puede curarlo?

Y me contestó:

—Creo lo que dice la Biblia: «Mas yo haré venir sanidad
para ti, y sanaré tus heridas, dice Jehová» (Jeremías 30:17).

Oramos juntos por teléfono y estuvimos de acuerdo en que
el Poder Sanador Infinito sabía cómo curar el cerebro, así como
todos los órganos del cuerpo, y cómo repararlo. Decretamos que
su hijo estaba rodeado por una atmósfera de amor, paz y armonía y que todos los médicos y enfermeras recibían orientación
Divina en todos los sentidos. Le sugería a la mujer que imagi-
nara de forma vívida que su hijo estaba en casa y le decía: «Ha
ocurrido un milagro, madre. Estoy totalmente curado».

La madre continuó rezando y creyendo en un Poder Sanador de Dios capaz de curar a su hijo, y lo imaginaba constantemente en casa, sonriente y feliz. Cuando tenía pensamientos de miedo o ansiedad, afirmaba inmediatamente:
«Creo, creo, creo que el Poder Sanador Infinito está obrando
un milagro ahora». ¡Y hoy ese joven está sano y fuerte!

Nadie sabe exactamente cómo funciona la Presencia Divina. Del mismo modo, ni yo ni nadie sabemos cómo crece exactamente una secuoya a partir de una semilla. Aquella mujer creyó con rotundidad que había una Inteligencia Infinita que sabía cómo sanar y reparar el cuerpo de su hijo. Miró más allá de las apariencias e hizo posible lo imposible.

CÓMO EVALUAR TUS CREENCIAS CON SINCERIDAD

Pregúntate: «¿Existe para mí aquello que deseo?». ¿Crees que puedes tener amigos y compañeros maravillosos? ¿Consideras que toda la riqueza que necesitas es posible para ti en el diseño universal de las cosas? ¿Piensas que puedes hallar tu verdadero lugar en la vida? ¿Crees que la voluntad de Dios para ti es la vida abundante, una gran cantidad de felicidad, paz, alegría, prosperidad, mayor expresión y una salud rebosante? Si respondes afirmativamente a todas estas preguntas y crees y esperas lo mejor de la vida, lo mejor vendrá a ti.

LO QUE MUCHA GENTE CREE ERRÓNEAMENTE
SOBRE LA ABUNDANCIA EN SUS VIDAS

Muchas personas creen que la riqueza, la felicidad y la abundancia no son para ellas, sino para otras personas. Esto se debe a una sensación de inferioridad o de rechazo. No existe tal cosa como una persona inferior o una persona superior. Todo el mundo es un dios, aunque en potencia. «Yo dije: Vosotros sois dioses, y todos vosotros hijos del Altísimo» (Salmo 82:6).

No estás limitado por tu familia, raza o condicionamiento temprano. Hay miles de personas que han trascendido sus entornos y han destacado sobre la multitud, aunque no nacieron en palacios. Abraham Lincoln nació en una cabaña de madera; Jesús era hijo de un carpintero; el gran científico George Carver nació siendo esclavo. El botín universal de Dios, sin embargo, se ofrece a todo el mundo independientemente de su raza, credo o color.

Te sucede aquello en lo que crees. Dado que la ley es impersonal y responde siempre a tu creencia, si no crees que tienes derecho a los deseos de tu corazón, ¡no podrás obtener lo que deseas!

TIENES DERECHO A CREER EN UNA VIDA RICA Y ALEGRE

Dios, el Bien Cósmico, te ofreció todas las cosas para que las disfrutaras, y estás aquí para glorificar a Dios y disfrutar de Él para siempre. Tienes pleno derecho a introducir cualquier bien en tu vida, siempre que tu motivación sea desinteresada y le desees a todo el mundo aquello que deseas para ti mismo. Es imposible que tu deseo de salud, felicidad, paz, amor y abundancia dañe a nadie. Tienes derecho a un puesto maravilloso con un sueldo estupendo, pero no debes anhelar el trabajo de otra persona. La Presencia Infinita puede guiarte hacia el trabajo adecuado con un sueldo acorde a tu integridad y honestidad.

Cree que tienes derecho a lo bueno que buscas y haz todo lo que puedas para introducirlo en tu experiencia. De este modo, se manifestará. No desees nada que esté disfrutando otra persona. Las riquezas infinitas de Dios están al alcance de todo el mundo. La Vida te responde según tu creencia en Ella y el uso que hagas de Ella.

OBTIENES AQUELLO EN LO QUE CREES

Todas tus experiencias, condiciones y acontecimientos proceden de tus creencias. Causa y efecto están indisociablemente unidos y entrelazados. Tu pensamiento habitual encuentra su expresión en todas las fases de tu vida. Cree que tienes un Compañero Silencioso que te consuela, guía y dirige y que sostiene ante ti una puerta abierta que ningún hombre puede cerrar. Si vives en la alegre expectativa de lo mejor, atraerás invariablemente lo mejor.

Cuando despiertes por las mañanas, afirma de forma serena y amorosa:

> Este día lo ha creado el Señor. Me regocijaré y seré feliz en él. Hoy se producirán maravillas en mi vida. Hoy haré contactos maravillosos. Conoceré a personas maravillosas y de lo más interesantes. Completaré todas mis tareas según el orden Divino y lograré grandes cosas hoy. Mi Compañero Silencioso me revela nuevas y mejores formas de lograr cosas. Sé que el Poder Infinito no ve obstáculos y no conoce ninguna barrera. Creo que Dios me hace prosperar más que en mis mejores sueños. Sé y creo que «al que cree todo le es posible» (Marcos 9:23).

CÓMO UN HOMBRE EN BANCARROTA RECLAMÓ EL BIEN QUE LE CORRESPONDÍA

Hace algún tiempo entrevisté a un hombre que había entrado en bancarrota y estaba deprimido y abatido. Además, su mujer se había divorciado de él y sus hijos ya no le hablaban porque, según decía, su mujer los había puesto en su contra.

También me dijo que no creía en Dios y que estaba llegando a su límite.

Yo le señalé que uno puede creer que la Tierra es plana, pero esta seguirá siendo redonda. Además, existe una Inteligencia Infinita en cada persona, independientemente de esta lo crea o no. Le sugerí que pusiera en práctica una afirmación durante diez días y que después volviera a verme. La afirmación que le ofrecí fue la siguiente:

> Creo que Dios es, y que Dios es el Poder Infinito que mueve el mundo y que creó todas las cosas. Creo que este Poder Infinito habita en mí. Creo que Dios me guía en este momento. Creo que las riquezas de Dios fluyen hacia mí en avalanchas de abundancia. Creo que el amor de Dios llena mi corazón y que Su amor llena las mentes y los corazones de mis dos hijos. Creo que nos unen lazos de amor y de paz. Creo que soy tremendamente exitoso. Creo que soy feliz, alegre y libre. Creo que Dios siempre es exitoso, y dado que Él es exitoso y dado que Él habita en mí, yo soy tremendamente exitoso. Creo, creo, creo.

Le sugerí que afirmara estas verdades en alto durante cinco minutos cada mañana, tarde y noche. Él accedió, y el segundo día me llamó por teléfono y me dijo: «No me creo una sola de las palabras que digo. Es todo mecánico y no significa nada». Le dije que insistiera con aquella disciplina mental. «El mero hecho de que hayas empezado a afirmar y poner en práctica la fórmula espiritual indica la fe del grano de mostaza que se menciona en la Biblia; a medida que persistas, te desharás de las montañas de duda, miedo, carencia y frustración».

Pasados diez días, volvió a visitarme, esta vez con un aspecto radiante y alegre. Sus hijos lo habían visitado y todos disfrutaron de un alegre reencuentro. Siguiendo su nuevo patrón de pensamiento, ganó una pequeña fortuna jugando a la lotería, por lo que ha vuelto a poner en marcha su negocio. ¡Descubrió que el Poder Infinito para una vida perfecta también valía para él!

Yo sabía que, incluso si las palabras de la oración no significaban nada para él al principio, a medida que meditara sobre ellas y acostumbrara a su mente, estas acabarían hundiéndose en su mente subconsciente y pasarían a formar parte de su mentalidad.

«... porque de cierto os digo, que si tuviereis fe como un grano de mostaza, diréis a este monte: Pásate de aquí allá, y se pasará; y nada os será imposible» (Mateo 17:20).

Capítulo 17

UTILIZA EL PODER INFINITO PARA CONSEGUIR UNAS RELACIONES ARMONIOSAS

Escribo este capítulo desde la bella isla de Maui, una de las que componen el estado de Hawái. Aquí la gente dice: «Uno no ha vivido hasta que ha visto Hawái». Una de las principales atracciones de Maui es Haleakala, que significa 'casa del sol', un volcán inactivo que se eleva más de tres mil metros sobre el nivel del mar. Ofrece unas vistas asombrosas, y desde allí uno puede vislumbrar la vida tranquila de los nativos hawaianos, que siguen echando sus redes al mar para obtener alimentos esenciales y cultivan ñames a la manera de sus antepasados.

En estas islas uno puede conocer a personas de todos los grupos étnicos y con una variedad de creencias religiosas coexistiendo en armonía y paz y disfrutando de la luz del amor de Dios. El hombre nativo que me llevó del aeropuerto al hotel Maui Hilton me contó que tenía antepasados irlandeses, portugueses, alemanes, japoneses y chinos. Me comentó que las gentes de la isla llevan celebrando matrimonios interraciales durante generaciones y que no existen problemas de tipo étnico.

CÓMO LLEVARSE BIEN CON LOS DEMÁS

Una de las principales razones por las que algunas personas no progresan en la vida es su incapacidad para llevarse bien con los demás. Parecen «levantar ampollas» en los demás, y a menudo su actitud ostentosa resulta insensible y ofensiva. La mejor manera de llevarse bien con los demás consiste en saludar a la Divinidad que habita en la otra persona y darse cuenta de que todo el mundo constituye un epítome o ejemplo de la raza humana entera. Cada persona que habita la Tierra es hija del Dios Viviente, y, cuando respetamos y honramos la Divinidad que hay en nosotros, automáticamente reverenciamos y honramos a la Presencia Divina en la otra persona.

CÓMO UN CAMARERO SE ASCENDIÓ A SÍ MISMO

Mientras visitaba uno de los hoteles del distrito de Koanapali Beach de Maui, mantuve una interesante conversación con un camarero. Me contó que cada año solía visitar el hotel un excéntrico millonario procedente del continente. El tipo era un tacaño que odiaba dar propinas a los camareros o los botones del hotel. Era arisco, maleducado y malhumorado en general. Nada lo satisfacía, se quejaba continuamente de la comida y el servicio y le gruñía al camarero siempre que lo atendía. El camarero me dijo: «Me di cuenta de que era un hombre enfermo. Nuestro kahuna [sacerdote nativo hawaiano] dice que, cuando los hombres se comportan así, es porque algo los está reconcomiendo por dentro, de modo que decidí saturarlo de amabilidad».

Cómo una técnica especial obró maravillas

El camarero trataba a aquel hombre con cortesía, amabilidad y respeto, y afirmaba con calma: «Dios lo ama. Veo a Dios en él y él ve a Dios en mi». Puso en práctica esta técnica durante aproximadamente un mes, al cabo del cual aquel excéntrico millonario dijo por primera vez: «Buenos días, Toni. ¿Qué tiempo hace hoy? Eres el mejor camarero que me ha atendido nunca». «Casi me desmayé —me confesó Toni—. Esperaba un gruñido y recibí un cumplido. Me dio un billete de quinientos dólares». Aquello fue una propina de despedida de parte de aquel cliente difícil, que al cabo de un tiempo dispuso que a Toni lo nombraran asistente de dirección de un gran hotel de Honolulu en el que había invertido dinero.

«Y la palabra a su tiempo, ¡cuán buena es!» (Proverbios 15:23).

Una palabra es la expresión de un pensamiento. El camarero dirigió sus palabras (pensamientos) al alma (mente subconsciente) de aquel cliente cascarrabias y gruñón, y progresivamente derritieron el hielo de su corazón y lograron que respondiera con amor y amabilidad. Toni demostró que ver la Presencia de Dios en el otro y adherirse a esa gran verdad eterna ofrece fabulosas recompensas en las relaciones humanas, tanto espirituales como materiales.

«COMPRENDERLO TODO ES PERDONARLO TODO»

Este aforismo contiene una profunda verdad. Mantuve una conversación interesante con la directora de uno de los hoteles de Maui; me contó que, ocasionalmente, cuando le dice a un huésped: «Es un día maravilloso», el huésped le responde: «¿Qué tiene de maravilloso? Odio el tiempo que hace aquí, no hay nada que me guste de este lugar». Me habló de un cliente concreto que ella sabía que estaba emocionalmente afectado y guiado por una emoción irracional. Ella había estudiado psicología en la Universidad de Hawái en Honolulu y recordaba que un profesor le había dicho que uno no debe enfadarse o mostrar resentimiento hacia una persona con una joroba, por ejemplo, o que padezca de cualquier otra deformidad congénita evidente. Del mismo modo, uno no debe molestarse con personas con «jorobas emocionales» y mentalidades retorcidas y malsanas. Uno debe mostrarles compasión. Cuando uno comprende su caótico estado mental y emocional, es fácil pasar por alto su mal humor y perdonarlas.

Cómo la comprensión inmuniza
contra los malos sentimientos

Esta mujer joven es humilde, encantadora, afable y amigable, y aparentemente nadie es capaz de «levantar ampollas» en ella. Ha desarrollado una especie de inmunidad Divina, y es plenamente consciente de que nadie puede hacerle daño salvo ella. Es decir, es libre (como lo es cualquiera) de bendecir o maldecir a la persona que tiene enfrente. Y ella ha decidido bendecir. Sabe muy bien que la única persona capaz de herirla es ella misma (es decir, el movimiento de su propio pensamiento, que está bajo su absoluto control).

Cómo el subconsciente de un músico
obró maravillas gracias a la afirmación

Un joven músico que toca un instrumento de cuerda por las noches para pagarse los estudios en la Universidad de Hawái, donde estudia derecho, me contó que había tenido roces con algunos de sus profesores y que su memoria le había fallado durante sus exámenes orales y escritos. Estaba tenso y resentido. Yo le expliqué que su mente subconsciente contenía un recuerdo perfecto de todo lo que había leído y escuchado, pero que, cuando su mente consciente estaba tensa, la sabiduría del subconsciente no emergía hasta la mente superficial.

En consecuencia, el joven empezó a meditar sobre la siguiente afirmación todas las noches y todas las mañanas:

> La Inteligencia Infinita en mi mente subconsciente me revela todo lo que necesito saber y recibo orientación Divina en mis estudios. Irradio amor y buena voluntad hacia mis profesores y estoy en paz con ellos. Supero todos mis exámenes según el orden Divino.

Al cabo de tres semanas recibí una carta del joven, en la que me decía que había aprobado su examen especial con nota y que mantiene ahora una relación excelente con sus profesores.

Logró incorporar a su mente subconsciente la idea de la memoria perfecta reiterando las afirmaciones que le di. El amor y la buena voluntad que emanaba fueros captados subconscientemente por sus profesores y dio como resultado unas relaciones armoniosas.

CÓMO UN MÉDICO SE CURÓ DE UNA IRA NOCIVA

El cráter Haleakala, antaño una enorme depresión llena de fuego, es el frío vestigio de un violento volcán hoy lleno de coníferas. Me encontraba con un grupo de personas procedentes de lugares tan diversos como Denver, Pittsburgh, Suecia y Australia. Me senté junto a un médico australiano y su mujer en la limusina. Él me contó que en su vida se habían producido erupciones volcánicas, cuyo caos era comparable con el provocado en tiempos pasados por el volcán que ahora observábamos. Esto había sido así porque había sido su costumbre juzgar a las personas con demasiada dureza.

Me contó que solía estallar de ira cuando leía lo que escribían los columnistas en los periódicos, y escribía cartas venenosas, reivindicativas y corrosivas a parlamentarios, a líderes de sindicatos y a otras personas. Aquella agitación e inquietud internas le provocaron dos erupciones físicas en forma de ataques cardíacos, además de una erupción volcánica que se manifestó como un leve derrame cerebral.

El médico se recuperó de aquellos ataques y se dio cuenta de que se los había provocado él mismo. Mientras estuvo en el hospital, una enfermera le dio a leer el Salmo 91 y le dijo: «Esta es la medicina que necesita». El hombre empezó a meditar sobre ello y poco a poco su significado empezó a penetrar en su alma (su mente subconsciente). Me dijo que desde entonces había aprendido a amoldarse a las personas. Se había dado cuenta de que todas están condicionadas de manera distinta y que este es un mundo de seres humanos imperfectos tratando de alcanzar la Perfección de Dios.

Lo que significa serle fiel al yo interior

Aquel médico aprendió a serle fiel, según sus propias palabras, al Yo-Dios que habitaba en él y a respetar a ese mismo Dios en los demás. Shakespeare dijo: «Sé fiel a ti mismo; de ahí se sigue, como la noche al día, que no podrás serle falso a ningún hombre». El médico aprendió que comprenderlo todo es perdonarlo todo. Sigue siendo intolerante a las ideas falsas, pero no a las personas. Le es fiel a las verdades de Dios y los principios eternos.

Cómo un hombre resentido con Dios aprendió una gran lección sobre relaciones humanas

Un hombre con el que me fui a nadar en el mar que bordea el hermoso y majestuoso hotel Maui Hilton me dijo: «Estoy aquí para olvidarme de todo». Empezó a criticar a todos los trabajadores de su empresa, así como al gobierno. Incluso parecía estar resentido con Dios. De hecho, me dijo que las cosas le irían mejor si Dios lo dejaba en paz.

Me preguntó: «¿Qué puedo hacer para tener mejores relaciones y llevarme bien con esa gente tan fea?». Yo le dije que las investigaciones muestran que buena parte de los problemas que tiene la gente con las relaciones humanas es que no buscan la causa dentro de sí mismos. El primer paso debería ser llevarse uno bien con su propio yo problemático. Le señalé que buena parte de las tensiones que tenía con sus empleados y sus socios procedían principalmente de sí mismo y que aquellas otras personas quizá fueran causas secundarias de sus problemas.

Reconoció que estaba lleno de una ira y hostilidad ocultas y que sentía una profunda frustración respecto a sus ambiciones y planes en la vida. Sin embargo, empezó a ver que su ira reprimida era la que avivaba la latente hostilidad o ira hacia quienes lo rodeaban; sufría por las reacciones de estos, que él mismo engendraba. Descubrió que lo que él denominaba animadversión y hostilidad por parte de sus socios y empleados eran, en buena medida, reflejo de su propia hostilidad y frustración.

Le ofrecí una afirmación espiritual que debía repetir de manera regular y con convicción:

> Sé que existe una ley de causa y efecto, y el ambiente que genero me es devuelto a través de las reacciones de la gente hacia mí y de las condiciones y acontecimientos. Me doy cuenta de que me inquietud e ira interiores despiertan fealdad e ira en los hombres, las mujeres e incluso los animales. Experimente lo que experimente, sé que debe mantener una afinidad con mi mente, ya sea consciente o inconsciente; pues soy aquello que pienso y siento, y así me expreso, experimento y me comporto.

> Me doy esta medicina mental y espiritual a mí mismo muchas veces al día. Pienso, hablo y actúo desde el Centro Divino en mi interior. Irradio amor, paz y buena voluntad hacia todos los que me rodean y a todas las personas en todas partes. El Infinito yace estirado en sonriente reposo dentro de mí. La paz es el poder en el corazón de Dios, y Su río de paz inunda mi mente, mi corazón y mi ser entero. Estoy unido a la paz Infinita de Dios. Mi mente es parte de la mente de Dios, y lo que es verdadero sobre Dios es verdadero sobre mí.

> Me doy cuenta y sé que no hay persona, lugar ni cosa en todo el mundo que tenga el poder de inquietarme, molestarme o perturbarme sin mi consentimiento mental. Mi pensa-

miento es creativo, y rechazo conscientemente todos los pensamientos y sugestiones negativos, afirmando que Dios es mi guía, mi consejero y mi gobernante y que Él vela por mí. Sé que Dios es mi verdadero Superior y que trabajo para Él.

Mi verdadero Yo es Dios y no puede ser dañado, viciado ni frustrado. Soy consciente de que quien más daño me ha hecho soy yo mismo, debido a las críticas, condenas y menosprecio que he dirigido hacia mí. Proyecto amabilidad, amor y alegría hacia todo el mundo; y sé que la bondad, la verdad y la belleza me seguirán todos los días de mi vida, pues habito en la casa de Dios para siempre.

Pasaron tres semanas, al cabo de las cuales me escribió para decirme que la puesta en práctica de aquella fase de leyes mentales y espirituales había sustituido la caótica y furiosa caldera interna que era su estado mental por la serenidad, la tranquilada y una sensación de imperturbabilidad.

CÓMO SURGIÓ UNA ACTITUD FILOSÓFICA BENEFICIOSA HACIA LAS PERSONAS

Mantuve una conversación interesante en Hawái con un hombre de negocios japonés, que compartió conmigo estas reflexiones:

Llevo cincuenta años en el mundo de los negocios y he viajado mucho. He aprendido que básicamente las personas son buenas y honestas. Acepto a la gente tal y como es. Cada persona es distinta: formaciones y condicionamientos diferentes, distintas costumbres y creencias religiosas, y es resultado de su formación, educación y manera habitual de pensar.

Sé que quejarse de la gente y enfadarse con clientes no logrará cambiarlos. No dejo que me perturben; me niego a que nadie me irrite. Los bendigo a todos y sigo adelante.

Cómo logró cobrar sus facturas

Me enseñó una lista de diez clientes que le debían considerables sumas de dinero y que habían ignorado sus múltiples facturas. Me dijo: «He estado rezando por cada uno de ellos, por la mañana y por la noche, consciente de que Dios les hace prosperar en todos los sentidos y que Dios los guía, dirige y multiplica sus bienes. Rezo para que cada uno pague sus facturas con alegría y que sean honestos, sinceros y sean bendecidos de todas las maneras. Empecé a hacerlo hace un mes, y ocho de ellos me han pagado y se han disculpado por el retraso. Aún faltan dos, pero sé que también ellos pagarán».

Descubrió que, al cambiar su actitud mental hacia los clientes morosos, estos también cambiaban.

LA CLAVE DE LAS RELACIONES FELICES

Trata a las personas con respeto. Honra y saluda a la Divinidad del otro. Irradia amor y buena voluntad hacia todas las personas. Sé consciente de que nadie que esté equilibrado actúa de manera conflictiva, hostil, antagónica y malhumorada. Debes saber que existe un conflicto mental en algún lado. Como dice el kahuna: «Hay algo carcomiéndolos por dentro». Existe un dolor psíquico en algún lado. Dios es tu verdadero

Yo. No puede dañarse, frustrarse ni viciarse de ninguna manera. Si te encuentras con personas difíciles en tu vida, ríndelas a Dios, declara tu libertad en Dios y deja que Dios se encargue de ellas. Te encontrarás entonces en verdes prados junto a aguas tranquilas.

Capítulo 18

COSECHA LOS BENEFICIOS DE VIAJAR CON DIOS

REALICÉ UNA GIRA DE CONFERENCIAS recientemente por Europa, y visité Portugal, Francia, Inglaterra e Irlanda. En mi viaje hacia el este, al bajar del avión en Nueva York, me encontré con un viejo amigo, Jack Treadwell, autor del popular libro *The Laws of Mental Magnetism* [*Las leyes del magnetismo mental*]. Me habló de un anciano que había conocido en el hotel donde vivía y que padecía artritis. Le sugirió que probara la terapia de afirmación, y le ofreció una afirmación especial para que la probara:

> El Amor Sanador de Dios está transformando ahora cada átomo de mi ser según el patrón de plenitud, belleza y perfección de Dios.

El hombre afirmó estas verdades durante diez o quince minutos cada día, y al cabo de un mes volvió a caminar con libertad, alegría y facilidad. Todos los depósitos calcáreos, que son los que provocan la artritis, desaparecieron. Ha decidido viajar mental, espiritual y físicamente con Dios.

Esta curación no tiene nada de milagroso. La Presencia Sanadora Infinita que creó su cuerpo siempre lo había acompañado, pero nunca había recurrido a ella. Jack Treadwell le enseñó a avivar aquel don de Dios que había en su interior. A eso se refiere la Biblia cuando dice: «Por lo cual te aconsejo que avives el fuego del don de Dios que está en ti... » (2 Timoteo 1:6). Cuando caminas, hablas y viajas con Dios, todo lo que no se asemeja a Dios queda disuelto en tu mente, tu cuerpo y tus circunstancias.

CÓMO VIAJAR CON DIOS

Siempre que voy de viaje o hago una gira de conferencias, recito la siguiente afirmación:

Mi viaje es el viaje de Dios, y todos Sus caminos son placer y todas sus sendas son paz. Viajo guiado por Dios, conducido por el Espíritu Santo. Mi autopista es el Regio Sendero de los antiguos, la senda central de Buda, la puerta recta y estrecha de Jesús, la Ruta del Rey, pues reino sobre todos mis pensamientos, sentimientos y emociones. Envío a los mensajeros llamados amor, paz, luz y belleza de Dios a precederme para que mi camino sea recto, bello, alegre y feliz. Viajo siempre con Dios, hallando sus mensajeros de paz y alegría allá donde voy. Sé que si mantengo los ojos fijos en Dios, el mal no se interpondrá en mi camino.

Cuando viajo en avión, autobús, tren, coche o a pie, me envuelve en todo momento el hechizo de Dios. Es la armadura invisible de Dios, y voy de un punto a otro con libertad, alegría y amor. El Espíritu de Dios me invade y convierte todos los caminos en los cielos o en la tierra en una autopista para mi Dios. ¡Es maravilloso!

Por qué muchas personas parecen llevar una vida mágicas

He ofrecido esta afirmación a cientos de personas que viajan al extranjero, y lo cierto es que llevan unas vidas mágicas gracias a saturar sus mentes y sus corazones con las verdades contenidas en ella. Esas verdades se hunden en su mente subconsciente, y su mente profunda actúa en consecuencia. «Tu fe te ha salvado, ve en paz» (Lucas 7:50).

¿PUEDES CREER EN LOS MILAGROS?

Mi primera parada después de abandonar Nueva York fue Lisboa. Portugal es una tierra de montañas rugosas, llanuras ondulantes, campos de alcornoques y pueblecitos de los siglos XIII y XIV. Alquilé un coche con un guía especial y, junto con una sobrina mía de Liverpool, viajamos hasta el lugar santo de Fátima. Nuestro guía nos contó su historia, afirmando que la Santa Virgen se les había aparecido a tres niños el 13 de mayo de 1917. Se llamaban Lucía, Francisco y Jacinta. Se habían visto sorprendidos por un relámpago repentino, y al mirar en dirección a un árbol, vieron sobre él la figura de «Nuestra Señora», más radiante que el sol. Lucía le preguntó quién era, a lo que la figura respondió: «Vengo del Cielo. Volved aquí seis veces a esta misma hora el día 13 de cada mes».

A los niños los acusaron de mentir, a pesar de lo cual miles de personas los creyeron. Sin embargo, solo los niños podían ver a la Sagrada Virgen. Se produjeron sanaciones milagrosas en el lugar donde supuestamente había aparecido la «Señora».

Su última aparición tuvo lugar el 13 de octubre. Estaba lloviendo, y un relámpago anunció la llegada de la Santa Virgen. Predijo que la guerra, que entonces se encontraba en su tercer año, acabaría pronto y pronunció otra serie de anuncios proféticos. Nuestro guía nos contó que aquel día unas 40 000 personas presenciaron el Milagro del sol. La lluvia había parado de pronto y todo el mundo se había puesto de rodillas al contemplar el sol rodeado por una corona resplandeciente, estallando y girando como una rueda de fuegos artificiales.

Una sanación presenciada en primera persona

Visitamos la Capilla de las Apariciones. Nuestro guía nos señaló una mujer que tenía la pierna derecha paralizada. Caminaba con muletas e iba acompañada de su hijo. Pronunció una oración en portugués, que nuestro guía nos tradujo de la siguiente manera: «Cuando me arrodille en el lugar donde apareció la Virgen, me curaré, alabado sea Dios». La observamos arrodillarse sobe una pierna, sosteniendo un rosario. Rezó a la Virgen con fervor, y al cabo de unos quince minutos vimos cómo se levantaba y salía caminando de la capilla con lágrimas de alegría en los ojos. La Biblia dice: «Si puedes creer, al que cree todo le es posible» (Marcos 9:23).

El significado de los milagros

Un milagro no es una violación de la ley natural. Un milagro no demuestra lo imposible; demuestra aquello que es posible. Un milagro es algo que ocurre cuando uno introduce una ley que es superior a todas las que la gente ha conocido antes de que el milagro haya tenido lugar.

La causa de su sanación

La mujer de la que acabo de hablar se curó gracias a su creencia y su expectativa. Creía que se curaría si lograba colocarse en el lugar donde creía que la Virgen había aparecido. ¡Su creencia liberó el poder sanador de su propia mente subconsciente! La ley de la vida es la ley de la creencia, y la creencia podría resumirse como un pensamiento en la mente. Creer es aceptar algo como verdadero. Aquello que tu mente consciente y racional acepta como verdadero engendra una reacción análoga en tu mente subconsciente, que está unida a la Inteligencia Infinita que hay en ti. La fe o creencia ciega de aquella mujer la curó.

EL PODER SANADOR INFINITO Y CÓMO USARLO

El verdadero método de la sanación espiritual no reside en ningún tipo de magia consistente en agitar una varita, visitar santuarios, bañarse en ciertas aguas o besar los huesos de un santo, sino en la respuesta mental del individuo a la Presencia Sanadora Infinita que habita en su interior, creadora de esa persona y de todas las cosas del mundo.

La sanación espiritual y la sanación de fe no son lo mismo

La sanación espiritual no es lo mismo que la sanación de fe. Un sanador de fe puede ser cualquier persona que sane sin ningún conocimiento o comprensión científica de los poderes de la mente consciente y subconsciente. Puede afirmar que posee algún tipo de don sanador mágico y la creencia ciega de la persona en sus poderes puede dar frutos.

El terapeuta espiritual, en cambio, debe saber qué hace y por qué. Confía en la ley de la sanación. Le ley de la mente dicta que aquello que grabas en tu mente subconsciente se expresará de manera análoga como forma, función, experiencia y acontecimientos.

EL SIGNIFICADO DE LA APARICIÓN DE LA SAGRADA VIRGEN

El nombre que suele dársele a la Virgen es María. La palabra latina *mare* significa mar. La palabra *virgen* significa 'pura', y *mare virgen* significa 'mar puro'. Es la apariencia femenina de Dios. Esta apariencia femenina o mente subjetiva recibe el nombre en el simbolismo antiguo de Isis, cuyo velo ningún hombre es capaz de retirar, como la Sofía de los persas, como la Diana de los efesios. También recibe el nombre de Ishtar Astarté, Milita y Maia, la madre de Buda. El término *Madre de Dios* suele referirse a la Virgen. Por supuesto, Dios no tiene padre ni madre. Dios es el Principio-Vida que nunca ha nacido y nunca morirá. *Madre de Dios* se refiere al acto de ser madre, de meditar o nutrir aquello que está en tu mente. Es una actitud mental. *Madre de Dios, Madonna* o *Nuestra Señora* son puro mito, que es una verdad psicológicamente proyectada que significa amor, belleza, orden, la mente que da a luz a Dios o a todas las cosas buenas.

¿Fueron las apariciones en Lourdes y Fátima creaciones subjetivas de la mente?

Si yo te hipnotizara y te sugiriera que al salir del trance verías a tu abuela y que ella te ofrecería anuncios proféticos sobre ti mismo y sobre el mundo, tu mente subconsciente proyectaría la imagen de tu abuela y tú la verías y hablarías con ella. Tu subconsciente pronunciaría predicciones y pronósticos basados en la naturaleza de mi sugestión. Recuerda que existe grabada una imagen de tu abuela en tu mente subconsciente. No sería realmente tu abuela, que sin duda está atareada en la siguiente dimensión de la vida. Sencillamente experimentarías una alucinación subjetiva. Las otras personas presentes en la sala donde yo te hipnotizara no serían capaces de ver a tu abuela; tú serías el único capaz de ver la proyección de tu imagen mental. En Fátima se dijo que solo los niños pudieron ver a la Virgen, no así la multitud.

La visión de Bernadette en Lourdes

Según algunas autoridades, los primeros años de Bernadette fueron solitarios. Sufría ataques de asma y estaba cohibida emocionalmente. La excitación y expectativa de su mente de que vería a «Nuestra Señora» actuaba como una sugestión autohipnótica, y su mente subconsciente proyectó una imagen de una mujer que se asemejaba a una estatua ubicada en su iglesia o a la imagen de la Virgen en su libro de oraciones. Sus experiencias parecían proyectarse desde su propia mente. Las alucinaciones se basan en el condicionamiento de tu mente. Cualquiera que desee fervientemente ver un ser sagrado puede condicionar su subconsciente para ver su imagen de la Virgen María o cualquier otro personaje, imágenes basadas en estatuas, ilustraciones de libros de oraciones o cuadros.

Por qué se hicieron realidad las profecías

La Señora de Fátima les dijo a Jacinta y Francisco que morirían de gripe y que Lucía se convertiría en monja. Todo ello ocurrió. Recuerda que tu futuro ya está en tu mente, y un psíquico o médium capacitado también puede predecir tu por venir con cierto grado de precisión. Tu futuro es la manifestación de tu estado mental presente, pero por medio de la afirmación puedes cambiarlo pensando desde el punto de vista de los principios universales. Cambia tu vida mental para que se alinee con la armonía, la salud, la paz, el amor, la forma correcta de actuar y la ley y orden Divinos, y todos tus caminos serán placer y todas tus sendas serán paz. De este modo, ninguna predicción negativa podrá hacerse realidad. En este caso concreto, fue el propio subconsciente de los niños lo que hizo que sus predicciones se cumplieran.

EL FUNDAMENTO DE LOS MILAGROS VISTOS DESDE EUROPA

Mi viaje a París estuvo acompañado de mucho alboroto, conflicto y protestas, pero recibí una agradable bienvenida de la doctora Mary Sterling y sus socios. La doctora Sterling es directora de Unite Universelle, sito en el número 22 de la rue de Douai, y ha traducido muchos de mis libros al francés. Tiene un grupo de oración en su centro, y sus rezos obtienen asombrosas sanaciones y respuestas. Le llegan peticiones de toda Francia. Allí hablé ante un grupo muy numeroso y distinguido de hombres y mujeres y recibí una memorable ovación.

El fundamento de la curación de la ceguera

Una joven que asistió a una de mis conferencias en París me visitó en el hotel Napoleon para consultarme acerca de un problema emocional. En el transcurso de la conversación, me contó que al llegar París procedente de provincias había sido contratada como modista. Sus empleadores la trababan con crueldad y desprecio, y ella sentía un gran resentimiento hacia ellos. Poco después, comprobó que estaba empezando a perder visión. Acudió a un oftalmólogo y este le sugirió que abandonara la moda y volviera a una vida rural. Ella se negó y su vista empeoró. Fue a ver a un médico, que le dijo que buscara otro trabajo y que su mente subconsciente estaba tratando de bloquear su entorno desagradable y a sus superiores. La mujer le hizo caso. Encontró otro trabajo donde fue feliz, y fue recuperando gradualmente la vista.

La mujer me dijo que solía odiar mirar a sus antiguos jefes. Como consecuencia lógica, su subconsciente respondió encargándose de que no pudiera verlos a ellos ni su entorno. La mujer aprendió finalmente a bendecir a sus antiguos superiores y seguir con su vida.

En el caso de la falta de visión, es inteligente preguntarse por qué la mente subconsciente usa tus ojos como chivo expiatorio. ¿Qué hay en tu vida que desees excluir o bloquear? La respuesta está en tu interior, así como la solución.

Su compañero Divino le salvó la vida

Quedé con una periodista francesa en el aeropuerto de Orly porque no había taxis operativos en París debido a una huelga. La mujer es una vieja amiga mía y utiliza continuamente la misma afirmación que uso yo cuando viajo, que reproduje al principio de este capítulo. Me dijo que la afirmación era una parte tan íntima de su persona como su cabello.

El año pasado tenía pensado hacer un viaje al norte de África, Grecia y otros países mediterráneos. Me contó que una noche aparecí en uno de sus sueños y le dije que esperara, que pospusiera el viaje, ya que el avión que iba a tomar estaba condenado a sufrir una catástrofe. Canceló el viaje y el avión en cuestión se estrelló. Mi amiga me dijo que entendía cómo funcionaba su mente profunda (es decir, su mente subconsciente proyectó una imagen de una persona en la que ella confiaba y a quien obedecería). En realidad, fue la Presencia-Dios en su interior la que la protegió. Su Compañero Divino velaba por ella en todos los sentidos. Esta es la Presencia de Dios que hay en todos nosotros. «Le apareceré en visión, en sueños hablaré con él» (Números 12:6).

CÓMO USAR EL PODER DE TU MENTE SUBCONSCIENTE PARA AMASAR UNA FORTUNA

La doctora Mary Sterling me informó de que las ventas de su traducción francesa de *El poder de la mente subconsciente* estaban superando todas las expectativas y que las cartas inundaban su santuario de la rue de Douai, dando testimonio de sanaciones extraordinarias y respuestas a plegarias. Un parisino me contó que ha amasado una fortuna siguiendo una técnica descrita en la edición francesa de mi libro. Consiste en afirmar durante unos diez minutos antes de irse a dormir: «La riqueza es mía; la riqueza es mía ahora». Lo hace una y otra vez hasta que se queda dormido. Gracias a la repetición, logró impregnar su mente, y me contó que todo lo que toca se convierte en oro y que ha ganado una fortuna. En una ocasión ganó el equivalente a sesenta mil dólares estadounidenses. El hombre cree sinceramente en el poder de su subconsciente para guiarlo, dirigirlo, sanarlo e inspirarlo, y este actúa en consecuencia.

Siempre hay una respuesta

Mientras viajaba a Londres desde París para dar una serie de charlas en Caxton Hall y en Bournemouth, una localidad costera del sur de Inglaterra, una chica francesa se sentó a mi lado y me dijo: «Viajo a Londres para escuchar sus conferencias, porque quiero saber más sobre los poderes de mi mente. Durante una de sus conferencias en París, usted dijo que aquello que uno graba en su mente subconsciente se expresa y se cumple».

Aquella chica era estudiante y no tenía dinero propio. Antes de aquel viaje, había decretado: «Voy a ir a Londres según el orden Divino para escuchar una serie de conferencias del doctor Murphy y todo me será suministrado por mi mente profunda».

Dio la casualidad de que habló un día con su hermano, un médico que trabaja en París, sobre su interés por la mente subconsciente, y este le dijo: «¿Por qué no vas a Londres y asistes a las conferencias?». Le dio unos dos mil francos —más que suficiente para el viaje—, lo cual la sorprendió, ya que pensaba que su hermano era contrario a esa clase de enseñanzas.

Los caminos de tu subconsciente son indescifrables. Aquella chica descubrió, como miles de personas antes que ella, que siempre hay una respuesta. «… buscad, y hallaréis; llamad, y se os abrirá» (Mateo 7:7).

Cómo una persona ganó el Derby de Inglaterra tres veces

Durante una de mis conferencias en el Caxton Hall de Londres, donde suelo acudir una vez cada dos años desde los últimos veinte y que está ubicado en una zona donde tengo muchos amigos, un joven vino a hablar conmigo y me dijo: «Espero que no crea que estoy utilizando mi mente de manera equivocada, pero tres meses antes de nuestra carrera de caballos anual, afirmo todas las noches antes de irme a dormir: "El ganador del Derby", y me quedo dormido pensando en la palabra "ganador", sabiendo que mi subconsciente me revelará la respuesta». Durante tres años consecutivos, este hombre ha visto al ganador la noche antes de la carrera en un sueño, y el año pasado apostó mil libras, con lo que ganó una suma considerable de dinero. Su subconsciente respondió a la fe que tenía en sus poderes. Su previsualización de la carrera recibe el nombre de precognición, que es una facultad de la mente.

Le expliqué que el subconsciente es amoral; es una ley, y una ley no es buena ni mala. Depende de cómo se use. No hay nada de malo en ver en el subconsciente las preguntas de un examen antes de hacerlo; tampoco hay nada de malo en ver al ganador de una carrera de galgos o de caballos. Existe una sola mente subjetiva, y está también en el perro, el gato y todas las demás cosas.

Cómo la disolución de la culpa curó una úlcera en un brazo

Un joven cirujano vino a verme en el hotel St. Ermine, junto a Caxton Hall. Acababa de asistir a una de mis conferencias, titulada «Por qué puedes sanar». Me enseñó el brazo, que mostraba una úlcera grave. Había probado todo tipo de terapias, en vano: la úlcera se negaba a remitir. Le pregunté qué había hecho con su mano derecha que pudiera haber provocado una sensación de culpa, y me respondió con honestidad y tristeza:

—Cuando era médico residente, llevé a cabo varios abortos por motivos económicos. Según mi religión, eso equivale a un asesinato, y me siento culpable y lleno de remordimiento.

—¿Lo volvería a hacer ahora? —le pregunté.

—Por supuesto que no. Ahora ayudo a la gente a curarse —respondió.

Le dije que se estaba castigando a sí mismo, que el hombre que había llevado a cabo aquellas operaciones ya no existía. Había cambiado totalmente en términos mentales, emocionales y espirituales, y lo que estaba haciendo era condenar a un hombre inocente. Dios no condena a nadie, y, cuando nos perdonamos a nosotros mismos, se nos perdona. Condenarse a uno mismo es el infierno; perdonarse a uno mismo es el cielo.

El cirujano comprendió inmediatamente lo que le decía. El pasado había muerto. Se vio como un hombre inocente. Antes del final de mis conferencias de aquella semana, me mostró la mano y el brazo, que habían recobrado la plena salud. San Pablo dijo: «... una cosa hago: olvidando ciertamente lo que queda atrás, y extendiéndome a lo que está delante, prosigo a la meta...» (Filipenses 3:13-14).

«KEVIN DE LOS MILAGROS»

A Glendaloch se lo conoce tradicionalmente como el lugar de las «siete iglesias» de Irlanda. San Kevin llevó una vida increíblemente austera allí durante alrededor cuatro años, alimentándose a base de hierbas, raíces y bayas. Nació en el año 498 y murió en el 618, y se le llama «Kevin de los milagros».

Una vez, un granjero de la zona fue alcanzado accidentalmente en el ojo por una piedra. Perdió la vista en ese ojo y padecía un dolor insoportable. San Kevin tocó el ojo afectado invocando fervientemente a Dios. La herida quedó curada al instante, la sangre dejó de brotar de ella y el dolor se desvaneció. El hombre recuperó la vista. Se dice que el milagro fue presenciado por muchos miembros de la comunidad, que se quedaron enormemente asombrados como resultado.

Un lugar de peregrinaje

La visita a la cama de san Kevin forma parte del peregrinaje a Glendaloch. Se trata de una cavidad en la roca a unos nueve metros sobre el nivel del agua, y la tradición dice que aquel que logra escalar hasta ella verá cumplido su mayor deseo. Se concede un deseo adicional a aquellos que deciden sentarse en la silla de san Kevin.

Mi hermana me acompañó en este peregrinaje a la cama de san Kevin, y hablamos con una mujer que estaba peregrinando desde Killarney. Nos dijo que unos años antes había padecido un cáncer en estado terminal. Su guía la había ayudado a alcanzar la cama de san Kevin, y allí ella le había rezado al santo. Unos días más tarde se había curado, y tras hacer biopsias y radiografías, los médicos concluyeron que estaba libre de cáncer. La mujer nos contó que aquello había ocurrido cinco años atrás, y que ahora es fuerte, vital y lleva una vida plena.

El pozo de san Kevin

Un grupo de turistas estaba reunido en torno a un pozo. El guía señaló cinco huellas dactilares en la roca que supuestamente pertenecían a san Kevin. Les pidió a los visitantes que colocaran los dedos de la mano izquierda sobre las marcas y después la introdujeran en un pozo contiguo e hicieran una plegaria o petición especial. Según la tradición, el deseo se cumpliría por mediación de san Kevin.

Cómo curó su mano artrítica

Un anciano que había junto a la roca nos contó que, tres años antes, sus manos habían quedado mermadas por la artritis hasta el punto de deformarse. Había seguido las indicaciones y colocó la mano sobre la roca y después en el pozo, pidiéndole a san Kevin que lo curara. Nos dijo: «Me curé. Miren mis manos ahora». Eran perfectas.

¿Cómo se producen todas estas sanaciones?

Emerson dice: «Hay una mente común a todos los hombres individuales. Todo hombre es una entrada a lo mismo y a todo de lo mismo. Aquel que queda admitido al derecho de la razón se convierte en un hombre libre de toda hacienda. Lo que pensó Platón, él lo puede pensar; lo que un santo sintió, él lo puede sentir; lo que en cualquier momento ha sufrido cualquier hombre, él lo puede entender. Quien tiene acceso a esta mente universal es partícipe de todo lo que es o puede hacerse, pues este es el agente único y soberano».

Por ejemplo, si un electricista busca respuestas a problemas eléctricos, encontrará todo el ingenio, habilidad, investigaciones, descubrimientos y sabiduría de Edison, Faraday, Marconi y otros en el depósito de la mente universal; todos pueden sintonizar con su conocimiento y sabiduría. Cualquier música tocada por Bach, Beethoven o Brahms está almacenada y depositada en la mente subjetiva universal, que nos anima a todos. Cualquier músico puede sintonizar y acceder a este depósito, que está siempre disponible para todos. Los santos que mencionan los textos religiosos son hombres y mujeres que se elevaron sobre los problemas y se apropiaron de una mayor cantidad de Divinidad que otros. Se elevaron a un lugar superior de conciencia espiritual, y su conciencia sanadora y sus victorias sobre todo tipo de enfermedades mentales y físicas están depositadas en el banco universal que llamamos mente subconsciente universal.

Por lo tanto, cuando el irlandés le rezó a san Kevin, su imaginación se avivó y su conciencia fue elevada por la fe y la expectativa; sintonizó con las vibraciones sanadoras que siempre están presentes en la mente universal. Su oración surtió efecto porque su mente estaba llena de fe y expectativa. Su profunda devoción, que lo abarcaba todo, impregnó su mente subconsciente por lo que la sanación se produjo como resultado.

Aquello en lo que centres tu atención durante el tiempo suficiente para que quede grabado en tu subconsciente se verá reflejado en tu experiencia. Esta es la explicación de los llamados milagros que tienen lugar en la roca y el pozo de san Kevin.

EL PODER DE TU MENTE SUBCONSCIENTE

Usando el poder de tu mente puedes alcanzar una prosperidad, una felicidad y una paz mental sin límites

Esta obra presenta y explica de manera precisa diversas técnicas de proyección mental que nos permiten salvar aquellos obstáculos subconscientes que impiden la consecución del éxito que tanto deseamos y merecemos.

HAZTE RICO CON EL PODER DE TU MENTE SUBCONSCIENTE

A través del concepto del «esfuerzo sin esfuerzo», Murphy nos enseña a proyectar nuestros deseos en la pantalla de nuestra mente subconsciente de tal modo que nos imaginemos siendo, realizando o poseyendo aquello que anhelamos. Al desarrollar esta habilidad, el Poder Cósmico que está en nosotros hallará la forma de cumplir nuestros deseos y nos permitirá enriquecer nuestra vida y hacer realidad aquello que siempre hemos anhelado.

EL PODER DE TU MENTE SUBCONSCIENTE. PROGRAMA SUBLIMINAL

Una vez que domines las leyes básicas de la mente y los fundamentos del pensamiento positivo, podrás avanzar hacia la relajación, y la confianza en ti mismo, la salud y el bienestar, la riqueza y el éxito y las relaciones armoniosas. Repite las afirmaciones que se presentan en este libro y deja que tu mente subconsciente las absorba y te guíe hacia un estado de calma y relajación, que es que propiciará los cambios que anhelas.